KB040446

공산당 선언

돌을새김 푸른책장 시리즈 **017**

공산당 선언 [개정판]

초판 발행 2010년 6월 28일
개정 3쇄 2019년 9월 10일

지은이 | 카를 마르크스 · 프리드리히 엥겔스
옮긴이 | 권혁
발행인 | 권오현

펴낸곳 | 돌을새김
주소 | 경기도 고양시 일산동구 중산동 1730-1 K시티빌딩 301호
전화 | 031-977-1854~5 팩스 | 031-976-1856
홈페이지 | http://blog.naver.com/doduls 전자우편 | doduls@naver.com
등록 | 1997.12.15. 제300-1997-140호
인쇄 | 금강인쇄(주)(031-943-0082)

ISBN 978-89-6167-231-3 (03160)
Korean Translation Copyright ⓒ 2010, 2015, 권혁

값 10,000원

돋을새김
푸른책장
시 리 즈
0 1 7

공산당 선언

마르크스 · 엥겔스 | **권혁** 옮김

돋을새김

철학자들은 세계를 다양하게 해석해왔을 뿐이다.
그러나 중요한 것은 세계를 변화시키는 것이다.

— 카를 마르크스

「공산당 선언」 런던 초판본 (1848)

카를 마르크스 Karl Marx 1818~1883

프리드리히 엥겔스 Friedrich Engels 1820~1895

「공산당 선언」 독일어판 서문

독일 트리어에 있는 마르크스의 생가
현재 마르크스 박물관으로 일반에게 공개돼 있으
며 마르크스의 유품, 원고, 편지 등이 전시돼 있다.

독일 부퍼탈에 있는 엥겔스의 생가
1820년 엥겔스가 태어난 부퍼탈은 섬유, 기계, 인쇄기 등의 제조업이 발달
한 산업의 중심지였다.

마르크스와 엥겔스의 동상

런던 하이게이트 묘지에 있는 마르크스의 묘
묘비에는 『공산당 선언』의 마지막 문장인 "전 세계 노동자들이여, 단결하라"라는 문구가 쓰여 있다.

젊은 시절의 엥겔스(왼쪽)와 마르크스(오른쪽)

마르크스와 그의 아내 예니

가난한 혁명가의 아내였지만 헌신적이었던 예니는
누구보다 든든한 마르크스의 지원군이었다.
1882년 아내 예니가 병으로 죽자 큰 충격을 받은
마르크스는 그 다음 해 숨을 거두었다.

엥겔스와 마르크스의 가족사진

마르크스와 엥겔스, 그들은 서로가 없
었다면 어떠한 연구 실적도 남기지 못
했을 정도로 가장 가까운 친구이자 동
료였다.

「민중을 이끄는 자유의 여신」, 외젠 들라크루아, 1830년 작(위)
「시민들에게 공격받는 바스티유 감옥」, 장 피에르 휴엘, 1789년 작(아래)

1789년 프랑스에서 일어난 거대한 시민혁명은 프랑스는 물론, 이후 전 세계에까지 큰 영향을 미쳤다. 프랑스혁명은 왕족과 귀족에게 몰려 있던 힘이 시민에게로 옮겨가게 되는 전환점이 된 혁명으로, 마르크스와 엥겔스의 사상에도 큰 영향을 미쳤다.

영국과 세계의 산업혁명을 촉진한 제임스 와트의 증기기관

산업혁명

산업혁명은 거대한 자본의 부흥을 가져왔으나, 인간을 기계의 부품으로 전락시키고 말았다.

산업화로 오염된 도시의 모습

산업이 발달하면서 도시에는 거대한 공장들이 들어서기 시작했다. 공장 굴뚝에서 나오는 연기는 하늘을 시커멓게 만들었으며, 하수구로 배출되는 폐수는 도시의 물을 오염시켰다.

길을 가득 메운 노동자들의 모습

수천 명의 노동자들은 이른 아침부터 일을 하기 위해 집을 나섰으며, 하루에 14시간이라는 장시간 노동을 해야만 했다.

어른들과 함께 일하는 어린아이들
생계를 유지하기 위해 어린아이들조차도 산업 현장에서 일을 해야만 했다.

THE STRONG MAN: A CARTOON FOR LABOUR DAY
MAY. "Yes, there can be no doubt about your strength if
you can support all those; but don't you think it's time
to take a holiday?"

노동자의 현실을 그린 그림

19세기 영국을 대표하는 일러스트레이터 월터 크레인의 작품들.

쓰러져 있는 노동자의 피를 빨고 있는 자본주의란 흡혈귀, 넘칠 정도의 이익과 땅을 품에 안고 서는 고용되지 못한 어린아이를 쫓아내는 여자, 이윤과 이득을 품에 가득 안고 여유로운 표정으로 늙은 노동자 위에 앉아 있는 세 명의 귀족을 표현한 이 그림들은 노동자의 비참한 현실을 그대로 전해주고 있다.

산업화가 진행될수록 노동자들의 삶은 피폐해져만 갔다. 그들이 먹고 마시는 것은 오염된 것이었으며, 얼굴에는 늘 어두움이 짙게 깔려 있었다. 또한 어린아이들은 생계를 위해 마치 상품처럼 노동자로 팔려나갔다.

DEATH'S DISPENSARY.
OPEN TO THE POOR GRATIS BY PERMISSION OF THE PARISH.

자본가들은 더 많은 이윤을 얻기 위해 노동자들이 받는 임금보다 훨씬 더 많은 일을
시키거나 일한 것에 비해 너무나도 적은 임금을 주면서 노동자들을 착취했다.

일러두기 —————————————————————————————————————

1. 이 책은 영어본인 『Manifesto of the Communist Party』(1888)를 완역한 것이다. 단락, 각
   주 등은 내용을 잘 이해할 수 있도록 역자가 임의로 정했다.

2. 인명과 지명은 외래어 표기법에 근거한 일반적 관례에 따랐다.

서문

당시의 상황에서는 당연히 비밀 조직일 수밖에 없었던 국제 노동자 단체인 공산주의자 동맹은 1847년 11월 런던에서 개최된 회의에서 세상에 공표하기 위한 이론적이며 실천적인 당 강령을 작성할 것을 아래에 서명한 우리에게 위임했다. 다음 『선언』은 그렇게 해서 작성된 것이며, 우리는 (1848년 프랑스의) 2월 혁명이 일어나기 몇 주 전에 인쇄를 위해 원고를 런던으로 보냈다.

독일어로 처음 출판된 『선언』은 독일과 영국 그리고 미국에서 적어도 12종의 독일어 판본이 재출판되었다. 영어로는 1850년 런던에서 헬렌 맥팔레인의 번역으로 『붉은 공화주의자』에 처음으로 발표됐으며, 1871년에는 적어도 3종의 서로 다른 번역본들이 미국에서 출판되었다. 프랑스어 판본은 1848년의 6월 봉기 직전에 처음으로 파리에서 선보였으며, 최근에는 뉴욕의 『사회주의자』에 수록되었고, 현재 새로운 번역본이 준비 중에 있다. 폴란드어 판본은 독일에서 처음 출판된 직후에 런던에서 출판되었다. 러시아어 번역본은 1860년대에 제네바에서 출판되었다. 덴마크어로는 『선언』이 처음 발표된 직후에 번역되었다.

지난 25년 동안 상황이 아무리 많이 변화되었다 해도, 이 『선언』에 작성해놓은 일반적 원칙들은 오늘날에도 대체적으로 타당하다. 물론 여기저기 몇몇 세부적인 내용은 개선되어야 할 것이다. 『선언』자체가 설명하고 있듯이, 그러한 원칙들의 실천적 적용은 언제 어디에서나 당대의 역사적 조건들에 좌우될 것이다. 그렇기 때문에 2장의 말미에서 제안된 혁명적 조치들을 특별히 강조하지는 않는다.

오늘날 이 구절들은 여러 가지 면에서 전혀 다르게 작성되어야 할 것이다. 1848년 이후 현대 산업이 보여준 엄청난 발달과 그와 함께 개선되고 확장된 노동계급 조직의 관점, 처음에는 2월 혁명에서 그리고 더 나아가 프롤레타리아가 처음으로 두 달 동안 정치권력을 장악했던 파리코뮌을 통해 얻은 실제적인 경험에 비추어볼 때, 이 강령의 일부 세부 항목은 시대에 뒤떨어져 있다. 특히 '노동계급은 단순히 기존의 국가기구를 장악하여 그것을 자신의 목적만을 위해 운용할 수 없다'는 것이 코뮌에 의해 증명되었다(1871년, 『프랑스 내란: 국제 노동자 협회 총평의회의 격문』에 이 점이 더 깊이 논의되어 있다).

더 나아가 사회주의 문헌에 대한 비판은 1847년까지 발표된 것들만을 다루고 있으므로 현재와 관련해서는 미흡하다는 것이 자명하다. 또한 다양한 반대 정당들에 대한 공산주의자들의 태도를 언급한 부분(4장)도 비록 원칙적으로는 옳지만, 정치 상황이 전적으로 달라졌으며 그곳에 열거된 당파들이 역사의 진전에 따라 대부분 지상에서 사라져버렸기 때문에 시대에 뒤떨어진 내용이 되었다.

그렇다 해도 이 선언은 더 이상 우리가 고쳐 쓸 권한이 없는 역사적인 문서가 되었다. 이후에 출판될 판본에는 아마 1847년부터 현재까지의 간격을 메워줄 서론이 수록될 것이다. 하지만 이 판본은 예상치 못했던 것이어서 우리에겐 서론을 작성할 시간이 없었다.

카를 마르크스와 프리드리히 엥겔스

1872년 6월 24일, 런던

들어가는 말

하나의 유령이 유럽을 떠돌고 있다 – 공산주의라는 유령이다. 교황과 차르, 메테르니히[1]와 기조[2], 프랑스의 급진파와 독일의 경찰 등 낡은 유럽의 모든 세력들이 이 유령을 몰아내기 위해 신성동맹을 맺었다.

권력을 쥐고 있는 상대로부터 공산주의라 비난받지 않았던 반정부당이 있었던가? 그 반정부당 역시 자신들에게 반대하는 당은 물

---

1. 메테르니히(1773~1859): 오스트리아의 정치가, 수상. 19세기 초 유럽 전역에서 타올랐던 자유주의, 사회주의 운동을 탄압했으며 흔히 보수 반동 정책의 대명사로 불린다. 1848년 독일 3월 혁명 직후 영국으로 망명했다.

2. 기조(1787~1874): 프랑스의 정치가, 역사가. 7월 왕정(1830~1848) 밑에서 수상을 지냈으며 대부르주아 계급의 이익을 옹호하는 보수적인 내정과 외교를 폈다.

론, 조금 더 진보적인 반정부당을 향해 공산주의라는 비난 섞인 낙인을 되돌려주지 않은 적이 있었던가?

이러한 사실로부터 다음과 같은 두 가지 결론이 도출된다.

1. 공산주의는 유럽의 모든 세력들로부터 이미 하나의 세력임을 인정받고 있다.
2. 지금이야말로 공산주의자들이 전 세계를 향해 공개적으로 자신들의 견해와 목적과 취지를 발표하고, 공산주의라는 유령에 대한 옛이야기에 당 자체의 선언으로 맞서야 할 최적의 시기이다.

이러한 목적을 위해 다양한 국적의 공산주의자들이 런던에 모였으며, 영어·프랑스어·독일어·이탈리아어·플랑드르어 그리고 덴마크어로 발표하기 위해 다음과 같은 『선언』의 초안을 작성했다.

1장
부르주아와 프롤레타리아

지금까지 존재했던 모든 사회의 역사는 계급투쟁의 역사다.

자유민과 노예, 귀족과 평민, 영주와 농노, 길드의 장인과 직인職人 등 한마디로 말해 언제나 적대 관계에 있던 억압자와 피억압자는 때론 은밀하고 때론 공공연하게 끊임없는 투쟁을 벌여왔으며, 이 투쟁은 매번 사회 전체가 혁명적으로 재편되거나 다투던 계급들이 함께 몰락하는 것으로 끝이 났다.

우리는 각 시대마다 다양한 서열로 이루어진 복잡한 사회제도와 사회적 계급의 다양한 계층이 있었음을 알 수 있다. 고대 로마에는 귀족과 기사, 평민과 노예가 있었고, 중세에는 봉건영주와 가신家臣, 길드의 장인과 직인 그리고 농노가 있었으며, 또한 이러한 계급들에 종속된 계층이 있었다.

봉건사회의 몰락으로부터 싹을 틔웠던 현대 부르주아 사회는 계급 간의 반목을 없애버리지 못했다. 부르주아 사회는 단지 낡은 것들을 대치하는 새로운 계급, 새로운 억압의 조건 그리고 새로운 투쟁의 형태들을 확립했을 뿐이다.

하지만 우리 시대, 즉 부르주아의 시대는 계급 간의 적대 관계를 단순화했다는 뚜렷한 특징을 지니고 있다. 사회는 점점 더 직접적으로 대립하는 부르주아와 프롤레타리아라는 두 개의 커다란 계급, 두 개의 커다란 적대 진영으로 분열되고 있다.

중세 농노로부터 초기 자치도시의 공민公民이 생겨났으며, 이러한 공민들로부터 부르주아 계급의 기초 요건들이 발전되었다.

아메리카 대륙과 아프리카 항로航路의 발견은 부상 중이던 부르주아 계급에게 신천지를 열어주었다. 동인도와 중국 시장, 아메리카의 식민지화, 식민지들과의 교역, 교환 수단과 상품의 증가는 상업과 항해술과 공업에 그 전에는 전혀 겪어보지 못한 충격을 주었으며, 비틀거리고 있던 봉건사회 내의 혁명적 요건을 급격히 발전시켰다.

폐쇄적인 동업조합이 공산품을 독점했던 봉건적 공업 경영 방식으로는 더 이상 새로운 시장의 커져가는 요구를 충족시킬 수 없었으므로, 매뉴팩처가 그 자리를 대체했다. 동업조합의 장인들은 제조에 종사하는 중간계급에게 밀려났으며, 개별적인 동업조합 사이의 분업은 개별적인 작업장 간의 분업으로 사라져버렸다.

그러는 동안 시장이 지속적으로 확장되고 수요가 계속 늘어나자, 매뉴팩처로도 더 이상 수요를 충족시킬 수 없게 되었다. 게다가 증기와 기계가 공업 생산에 혁명을 일으켰다. 거대한 현대적 공업이 매뉴팩처의 자리를 차지하게 되었으며, 공업에 종사하던 중간계급의 자리는 공업에 종사하는 백만장자들과 전체 공업 진영의 우두머리들, 즉 현대 부르주아들의 차지가 되었다.

현대 산업은 아메리카 대륙의 발견으로 세계 시장을 확립하게 되었다. 세계 시장은 상업과 해운, 육상 교통을 엄청나게 발전시켰다. 그리고 이러한 발전이 이번에는 공업의 확장에 영향을 끼쳤다. 부르주아 계급은 공업, 상업, 해운, 철도가 확장되는 규모와 함께 발전하여 자본을 증대시키며 중세 시대부터 세습돼오던 모든 계급을 뒷전으로 밀어내버렸다.

그러므로 우리는, 현대 부르주아 계급 자체가 기나긴 발전 과정의

산물이며, 생산과 교환 방식에서 발생한 혁명의 산물이라는 것을 알 수 있다.

부르주아 계급의 발전 단계마다 이 계급의 정치적 발전이 수반되었다. 봉건귀족의 지배하에서는 억압받는 계급이었고 중세의 코뮌에서는 무장한 자치단체였으며, 어떤 곳에서는(독일과 이탈리아에서와 같이) 독립적인 도시 공화국이었고 또 다른 곳에서는(프랑스에서와 같이) 납세의무를 지닌 군주 국가의 제3신분이었다. 그 후 진정한 매뉴팩처의 시기가 되었을 때는 반봉건제 혹은 전제군주국의 귀족에 맞서는 세력이 되었다. 그리고 대군주 국가의 실질적인 토대였던 부르주아 계급은 마침내 현대 공업과 세계 시장이 형성된 이후 현대 대의제 국가에서 독점적인 정치적 지배권을 스스로 쟁취했다. 현대 국가의 권력은 전체 부르주아 계급의 공동 관심사를 처리하는 위원회에 지나지 않는다.

부르주아 계급은 역사적으로 가장 혁명적인 역할을 수행했다.

지배권을 획득한 부르주아 계급은 어디에서나 모든 봉건적 · 가부장적 · 목가적牧歌的 관계를 종식시켰다. '타고난 상전들Natural Superiors'에게 사람들을 얽매어놓았던 잡다한 봉건적 속박을 냉정하게 갈기갈기 끊어놓았으며, 사람과 사람 사이에는 노골적인 사리사

욕과 무정한 '현금 계산' 외에는 아무런 관계도 남겨두지 않았다. 그들은 종교적 열광, 기사적騎士的 열중, 속물적 감상주의 등의 거룩한 황홀경을 이기적 타산이라는 얼음처럼 차가운 물속으로 빠뜨려버렸다. 부르주아 계급은 사람의 인격적 가치를 교환가치로 변형시켜버렸으며, 무수히 많은 공인된 자유를 단 하나의 부당한 자유인 자유무역으로 대체해버렸다. 한마디로 말해 종교적 · 정치적 환상으로 가려져 있던 착취를 적나라하고 파렴치하며 직접적이고 잔인한 착취로 대체한 것이다.

부르주아 계급은 사람들이 경외심을 품고 우러러보던, 존중받아 온 모든 직업들의 후광을 없애버렸다. 그들은 의사, 법률가, 성직자, 시인, 학자들을 자신들에게서 임금을 받는 노동자로 전락시켰다.

부르주아 계급은 가족을 감싸고 있던 감성적 장막을 갈가리 찢어없애, 가족 관계를 단순한 금전 관계로 격하시켜버렸다.

부르주아 계급은 반동주의자들이 그토록 칭찬하는 중세 시대의 야만적인 힘의 과시가 어떻게 지극히 나태한 게으름으로 적절히 보완되어 실현될 수 있었는지를 들추어냈다. 부르주아 계급은 인간의 활동이 어떤 일을 해낼 수 있는지를 처음으로 보여주었다. 그들은 이집트의 피라미드나 로마의 수도교水道橋 그리고 고딕 양식의 성당을 훨씬 뛰어넘는 불가사의를 이루어냈으며, 그 전에 있었던 민족의 대이동이나 십자군 원정을 무색하게 만드는 원정을 수행했다.

부르주아 계급은 생산도구의 변혁과 그에 따른 생산관계 그리고 전체 사회관계의 끊임없는 혁신 없이는 존재할 수 없다.

이와는 달리 과거 모든 산업 계급들의 우선적인 생존 조건은 변화 없이 낡은 생산양식을 고수하는 것이었다. 생산의 지속적인 변혁, 모든 사회 조건들의 끊임없는 교란, 영속적인 불확실성과 선동은 부르주아의 새 시대를 그 이전의 모든 시대와 구별해준다. 단단히 굳어버려 고정된 모든 관계는 아주 오래전부터 존중되어온 일련의 관념이나 견해와 함께 일소되며, 새로 생겨나는 것들조차 미처 골격을 갖추기도 전에 모두 낡은 것이 되고 만다. 확고하게 정립돼 있는 것들은 모두 허공으로 사라져버리고, 신성한 것들은 모두 더럽혀지며, 인간들은 마침내 냉철한 판단으로 자신의 현실적인 삶의 조건들과 인류와 자신의 관계를 정면으로 마주할 수밖에 없게 된다.

생산품 판매를 위한 끊임없는 시장 확대의 필요성은 부르주아 계급을 지구상의 모든 곳으로 내몰고 있다. 이들은 모든 곳에 다가가야 하고, 정착해야 하며, 모든 곳에서 관계를 확립해야만 한다.

부르주아 계급은 세계 시장의 개척을 통해 모든 나라의 생산과 소비에 범세계적인 성격을 부여했다. 보수주의자들에게는 매우 유감스럽게도 부르주아 계급은 산업이 딛고 서 있던 민족적 기반을 그 발밑에서 빼내버렸다.

오래전부터 정립돼 있던 민족적 산업들은 이미 파괴되었거나 일상적으로 파괴되고 있는 중이다. 이 민족적 산업들은 더 이상 토착 원료가 아닌 가장 멀리 떨어진 지역에서 가져온 원료를 가공하며, 국내뿐 아니라 지구상의 모든 지역에서 그 생산물이 소비되는 새로운 산업에 의해 쫓겨났다. 그리고 이러한 새로운 산업의 도입은 모든 문명국들의 사활이 걸린 문제가 되었다.

자국의 생산물로 충족되었던 과거의 욕구 대신, 우리는 멀리 떨어진 낯선 풍토의 생산물을 요구하는 새로운 욕구를 확인하게 된다. 과거의 지역적이고 민족적인 고립과 자급자족 대신 모든 방면의 상호 교류와 국가들의 보편적 상호 의존이 나타난다. 물질적 생산뿐 아니라 정신적 생산에도 똑같은 현상이 일어난다. 개별 민족의 정신적 창조물은 공동의 자산이 된다. 민족적 편향성과 편협성은 점점 더 불가능해지며, 수많은 민족과 지역의 문학으로부터 하나의 세계문학이 나타나게 된다.

부르주아 계급은 모든 생산도구의 급격한 개선과 한없이 편리해지는 교통수단을 통해 모든 국가들을, 가장 미개한 국가들조차도 문명화로 이끌어간다.

부르주아 계급이 생산해낸 값싼 상품들은 모든 만리장성을 무너뜨리고 외국인에 대한 야만인들의 완고한 증오까지도 항복하게 만드는 엄청난 중포병 부대이다. 부르주아는 모든 국가들에게 사멸死滅되고 싶지 않다면 부르주아적 생산양식을 받아들이라고 강요한다. 자신들이 문명이라고 부르는 것을 받아들일 것을, 즉 부르주아가 될 것을 강요하는 것이다. 한마디로 말해 부르주아들은 자신들의 형상을 닮은 세계를 창조하고 있다.

부르주아 계급은 농촌이 도시의 지배를 받도록 만들었다. 거대한 도시를 만들어내 농촌인구에 비해 도시인구를 엄청나게 늘렸으며, 인구의 상당 부분을 농촌 생활의 우매함으로부터 구해냈다. 또한 농촌을 도시에 의존하도록 만들었듯이, 미개국과 반半미개국들을 문명국에, 농업 국가를 부르주아 국가에, 동양을 서양에 의존하도록 만들었다.

부르주아 계급은 인구와 생산수단 그리고 자산이 뿔뿔이 흩어져 있는 상태를 없애버리려고 노력하고 있다. 생산을 한 덩어리로 만들고, 자산을 소수의 손아귀에 집중시켰다. 이러한 과정의 필연적 결과는 정치의 중앙 집중화였다. 서로 다른 이해관계와 법률, 별도의 정부와 조세제도를 갖추고 독립적으로 존재하거나 느슨하게 연결돼 있던 지역들을 하나의 정부, 하나의 법률, 하나의 국가적 계급 이익과 관세 제도로 운영되는 하나의 국가로 합치도록 했다.

부르주아 계급은 100년도 채 되지 않는 지배 기간 동안 과거의 모든 시대에 만들어냈던 것보다 더 단단하고 더 거대한 생산력을 창조해냈다. 인간에게 종속된 자연의 힘, 기계, 공업과 농업에 적용된 화학, 증기선, 철도, 전신, 경작을 위한 모든 대륙의 개간, 운하, 마치 마술처럼 땅에서 솟아난 듯한 엄청난 인구 등, 과거의 어떤 시기에 사회적 노동계급의 품속에 이러한 생산력이 잠재해 있었다는 것을 예감이나 할 수 있었을까!

우리는 이제, 부르주아 계급 스스로가 건립한 생산과 교환 수단의 기반이 봉건사회에서 기인한 것임을 알 수 있다. 생산과 교환 수단의 발전이 일정한 단계에 이르자, 봉건사회의 생산과 교환 조건들, 농업과 제조 산업의 봉건적 조직, 한마디로 말해 봉건적 자산 관계는 이미 발전된 생산력과 더 이상 조화를 이룰 수 없게 되었다. 그것들은 오히려 심각한 족쇄가 되었으므로 철저히 붕괴되어야만 했으며, 결국 그렇게 되고 말았다.

그 자리를 대신 차지한 것은 사회적·정치적 제도와 부르주아 계급의 경제적·정치적 지배를 동반한 자유경쟁이었다.

이와 유사한 움직임이 현재 우리의 눈앞에서 진행되고 있다. 나름대로의 생산과 교환 그리고 자산 관계를 갖춘 현대 부르주아 사회, 즉 어마어마한 생산과 교환 수단을 출현시킨 그 사회는 마치 자신이 주문으로 불러낸 저승사자의 힘을 더 이상 통제할 수 없게 된 마법사와도 같다. 지난 수십 년 동안 공업과 상업의 역사는 현대적 생산 조건, 즉 부르주아 계급의 존재와 지배의 조건이라 할 소유관계에 대한 현대적 생산력의 반란의 역사에 지나지 않기 때문이다.

이것에 대해서는 주기적으로 되풀이되면서 매번 부르주아 사회 전체의 존립을 더욱더 심각하게 위협하는 상업공황을 언급하는 것만으로도 충분히 알 수 있다. 상업공황이 발생하면 제조된 생산품뿐 아니라 그 전에 이룩해놓은 생산력도 간헐적으로 파괴돼버린다. 공황의 시기에는, 과거에는 터무니없는 일로 보였을 법한 과잉생산이라는 전염병이 발생하게 된다.

그리고 사회는 갑작스럽게 일시적인 야만의 상태로 후퇴한다. 이 상태에서는 마치 흉작이나 끔찍한 전면전이 벌어져 모든 생계 수단의 공급이 단절되고, 산업과 상업이 붕괴된 것처럼 보인다. 왜 그럴

까? 과도한 문명화와 과도한 생계 수단, 과도한 공업과 상업이 존재하기 때문이다.

사회가 마음껏 운영하던 생산력은 더 이상 부르주아적 소유관계의 발전을 촉진시키지 않는다. 오히려 그와는 반대로 소유관계에 비해 생산력이 너무 강력해져 부르주아는 그것에 속박되며, 이러한 속박을 극복하자마자 부르주아 사회 전체는 혼란에 빠져들어 부르주아적 소유의 존립 자체가 위험에 빠지게 된다. 부르주아 사회의 조건들은 너무나도 협소하여 자신이 만들어낸 부富조차 포용하지 못한다.

부르주아 계급은 이러한 위기를 어떻게 극복할까? 한편으로는 대량의 생산력을 파괴하는 방법으로, 다른 한편으로는 새로운 시장을 정복하고 기존의 시장을 더욱더 철저하게 착취하는 방법으로 극복한다. 이러한 방법은 더욱 광범위하고 파괴적인 위기를 조성해 위기를 차단할 대책들을 차츰 줄어들게 만든다.

부르주아 계급이 봉건제도를 붕괴시킬 때 사용했던 그 무기가 이제는 그들 자신에게 불리하게 사용되는 것이다.

그러나 부르주아 계급은 자신들을 죽일 무기뿐 아니라 이러한 무기를 자신들에게 겨눌 사람들인 프롤레타리아라는 현대의 노동자

계급도 만들어냈다.

부르주아 계급, 즉 자본이 발전하는 것에 비례하여 현대의 노동자 계급인 프롤레타리아 계급도 똑같이 발전한다. 이들은 오직 일자리를 찾을 수 있을 때에만 생존할 수 있으며, 오직 자신들의 노동이 자본을 증대시킬 수 있을 때에만 일자리를 찾을 수 있다. 자신을 조금씩 팔아치워야만 하는 이러한 노동자들은 다른 모든 상거래의 품목과 같은 하나의 상품이며, 이로 인해 온갖 경쟁과 시장의 흥망성쇠에 내맡겨져 있는 것이다.

기계의 광범위한 사용과 분업으로 프롤레타리아의 노동은 독립적인 성격을 모두 잃어버렸으며, 결과적으로 노동자들에게조차 그 매력을 모두 잃어버렸다. 노동자는 기계의 부속품이 되었으며, 그들에게는 가장 단순하고 단조로우며 가장 쉽게 배울 수 있는 기술만이 요구된다. 따라서 노동자 한 명의 생산 비용은 그 자신의 생계와 자손 번식에 필요한 생존 수단으로 제한되었다. 그런데 상품의 가격은 물론 노동의 가격도 생산 비용과 동일하다. 그러므로 노동에 대한 혐오감이 늘어나면 임금은 그만큼 줄어들게 된다. 더 나아가 기계의 활용과 분업이 증가하는 만큼, 노동시간이 연장되거나, 정해진 시간 내에 처리해야 할 노동의 양이 늘어나거나, 기계의 속도가 빨라짐으로써 고통스러운 부담 또한 증가한다.

현대의 산업은 가부장적인 장인이 지배하던 소규모 작업장을 산업자본가의 대공장으로 변환시켰다. 공장에 집결된 노동자 대중은 군인들처럼 편성된다. 노동자 대중은 산업적 군대의 사병들로서 장교와 하사관으로 이루어진 완벽한 위계질서의 통제하에 놓인다.

그들은 부르주아 계급과 부르주아 국가의 노예일 뿐 아니라, 매일 매일 매시간마다 기계와 감시자 그리고 무엇보다 개별적인 부르주아 공장주의 노예가 된다. 이러한 전제주의가 자신의 목표와 목적은 영리라는 것을 노골적으로 선언하면 할수록 더욱더 인색하고 더욱 증오스러우며 더욱 비참한 것이 된다.

육체노동에 수반되는 기술과 노고가 점점 줄어들수록, 달리 말해 현대 산업이 더욱 발전해갈수록, 남성의 노동은 여성의 노동에 자리를 빼앗기게 된다. 노동계급에게 성별이나 연령의 차이는 더 이상 그 어떤 사회적 효력도 갖지 못한다. 연령과 성별에 따라 사용하는 비용이 다를 뿐 모두가 노동의 도구인 것이다.

노동자에 대한 공장주들의 착취가 끝나고 마침내 노동자가 현금으로 임금을 받게 되면, 이번에는 곧바로 또 다른 부르주아 계급인 주택주나 상점주, 고리대금업자들이 달려든다.

소상인과 상점주, 일반적인 은퇴 상인들, 수공업자와 농민 등 중간계급의 하층에 속해 있던 사람들은 모두 점차적으로 프롤레타리아 계급으로 전락한다. 현대 산업이 운영되는 규모를 감당할 수 없는 그들의 영세한 자본이 대규모 자본가들과의 경쟁에서 압도되기 때문이며, 부분적으로는 새로운 생산방식으로 인해 그들의 전문 기술이 쓸모없게 되어버리기 때문이다. 그러므로 프롤레타리아 계급은 모든 계급의 인구로부터 채워진다.

프롤레타리아 계급은 다양한 발전 단계를 거친다. 이 계급의 탄생과 함께 부르주아 계급에 대한 투쟁도 시작된다. 처음에는 개별적인 노동자들이, 그 다음에는 같은 공장의 노동자들이, 그 다음에는 같은 직종, 같은 지역의 노동자들이 직접적으로 그들을 착취하는 부르주아 개인들에 대항하여 투쟁한다. 그들은 부르주아적 생산 조건뿐 아니라 생산도구 자체에 대해서도 공격을 펼친다. 자신들의 노동과 경쟁하는 수입품을 파괴하고, 기계를 산산조각 내고, 공장을 불태우는 것으로 사라져버린 중세 시대 노동자의 지위를 복원시키려 한다.

이러한 단계의 노동자들은 여전히 전국에 흩어진 채 자신들끼리 상호 경쟁하며 지리멸렬하게 분열된 대중을 형성하고 있다. 만약 그들이 더욱 긴밀한 결합체를 이루고 있는 곳이 있다 해도, 이것은 아직 그들 스스로가 적극적으로 연합한 결과가 아니라 부르주아 계급이 연합한 결과일 뿐이다. 자신들의 정치적 목적을 달성하기 위해 부르주아 계급이 전체 프롤레타리아 계급을 강제로 동원한 것이며, 게다가 당분간은 그렇게 할 능력도 있다. 그러므로 이러한 단계의 프롤레타리아는 자신들의 적과 싸우는 것이 아니라, 자신들의 적이 상대하는 적들, 즉 절대군주제의 잔재인 지주와 비非산업적 부르주아 그리고 소부르주아들과 싸우는 것이다. 그러므로 역사적 운동은 전부 부르주아 계급의 손아귀에 집중되고, 그렇게 획득한 모든 승리는 부르주아 계급을 위한 것이 된다.

하지만 산업이 발전하면서 단지 프롤레타리아 계급의 숫자만 늘어나는 것은 아니다. 그들은 더욱 거대한 집단으로 한데 뭉쳐 그 세력이 성장하게 되고, 그렇게 형성된 세력을 스스로 느낄 수 있게 된다. 기계가 모든 노동의 차이를 없애버리고 어디에서나 똑같이 낮은 수준으로 임금을 떨어뜨리는 것만큼 프롤레타리아 계급 내부의 이해관계와 생활 조건들은 점점 더 평준화된다.

점점 더 늘어가는 부르주아들 사이의 경쟁과, 그로 인해 발생하는 상업적 위기들은 노동자들의 임금을 더욱 요동치게 만든다. 기계가 그 어느 때보다 급속히 발달하고 지속적으로 개선되면서 프롤레타리아 계급의 생활은 더욱더 불안정해진다.

개별 노동자와 개별 부르주아 사이의 충돌은 갈수록 두 계급 간의 충돌이라는 성격을 띠게 된다. 그 결과로 노동자들은 부르주아에 대항하여 결사체(즉 노동조합)를 조직하기 시작한다. 그들은 자신들의 임금 수준을 유지하기 위해 한데 뭉치고, 시시때때로 발생하게 될 충돌에 미리 대비하기 위해 지속적으로 유지될 단체를 설립한다. 그리고 여기저기에서 벌어지는 싸움은 폭동으로 번지게 된다.

노동자들은 이따금 승리를 거두기도 하지만 그것은 일시적인 것일 뿐이다.

그들이 거둔 투쟁의 참된 성과는 직접적인 결과에 있는 것이 아니라 지속적으로 노동자들의 동맹을 확장해나가는 데 있다. 현대 산업이 만들어낸 향상된 교통수단의 도움으로 다른 지역에 있는 노동자들이 서로 접촉할 수 있게 된다. 이러한 접촉이야말로 동일한 성격을 띠고 있는 수많은 지역적 투쟁을 하나의 전국적인 계급투쟁으로 집중시키는 데 필요한 것이다. 하지만 모든 계급투쟁은 정치투쟁이다. 초라한 도로망 때문에 중세 시민들이 동맹을 맺는 데에는 여러 세기가 걸렸지만, 현대의 프롤레타리아는 철도 덕분에 몇 년 내에 동맹을 이뤄낸 것이다.

프롤레타리아들의 조직이 하나의 계급이 되고, 그렇게 하여 하나의 정당 조직이 되는 것은 노동자 자신들 간의 경쟁으로 끊임없이 실패하게 된다. 그러나 조직은 항상 다시 세워지고 더 강해지며, 더 굳건해지고 더 거대해진다. 그 조직은 부르주아 계급 내의 분열을 이용하여 노동자들의 특정한 이해에 대한 입법적인 승인을 이끌어낸다. 영국의 10시간 노동법은 그렇게 하여 통과되었다.

낡은 사회에서 벌어지는 모든 계급 간의 충돌은 여러 가지 방식으로 프롤레타리아 계급의 발전 과정을 진전시킨다. 부르주아 계급은 자신들이 끊임없는 투쟁 속에 개입되어 있음을 알고 있다. 처음에는 귀족과 투쟁했지만 그 후에는 산업 발전에 적대적인 이해관계를 갖게 된 일부 부르주아 계급과 투쟁했으며, 외국의 부르주아 계급과는 언제나 투쟁을 해왔다. 이러한 모든 투쟁에서 프롤레타리아 계급에게 도움을 호소할 수밖에 없었으며, 그렇게 하여 그들을 정치 영역에 끌어들였던 것이다.

이 과정에서 부르주아 계급은 자신들만의 정치교육과 일반교육의 수단을 프롤레타리아 계급에게 제공하게 된다. 다시 말해, 부르주아 계급에 맞서 싸울 무기를 프롤레타리아 계급에게 공급하는 것이다.

게다가 앞에서 살펴보았듯이, 산업의 발전으로 지배계급 전체가 갑자기 프롤레타리아 계급으로 전락하거나, 최소한 자신들의 생존 조건을 위협받게 되기도 한다. 이러한 것들 또한 계몽과 발전에 필요한 신선한 요소들을 프롤레타리아 계급에게 공급한다.

마침내 계급투쟁이 결정적인 시기에 도달하면 지배계급 내부에서 진행되고 있던, 사실상 사회 전체의 내부에서 진행되고 있던 붕괴 과정이 매우 격렬하고 강렬한 성격을 띠게 된다. 이때에는 지배계급의 일부가 스스로 떨어져 나와 미래를 손아귀에 쥐고 있는 혁명 계급에 합류한다. 그러므로 초기에 귀족의 일부가 부르주아 계급으로 넘어갔던 것과 마찬가지로 이제는 부르주아 계급의 일부, 특히 스스로를 역사적 운동 전체를 이론적으로 이해하는 수준으로 끌어올린 부르주아 사상가의 일부가 프롤레타리아 계급으로 넘어오게 된다.

오늘날 부르주아 계급과 맞서고 있는 모든 계급 중에서 프롤레타리아 계급만이 실질적인 혁명 계급이다. 다른 계급들은 현대 산업의 등장과 함께 몰락하여 결국 사라지지만, 프롤레타리아 계급은 현대 산업의 특별하고 필수적인 산물인 것이다.

중간계급의 하층, 소규모 공장주, 상점주, 기술공과 농민 등은 모두 중간계급의 일부분으로서 자신의 존재가 소멸되는 것을 막기 위해 부르주아 계급에 맞서 싸운다. 그러므로 이들은 혁명적이지 못하고 보수적이며, 오히려 역사의 수레바퀴를 뒤로 돌리려 하기 때문에 반동적이다. 어쩌다 그들이 혁명적인 경우가 있다면 그것은 오직 자신들이 곧 프롤레타리아 계급으로 넘어가게 된다는 생각을 하게 되었을 때뿐이다. 현재가 아닌 미래의 이익을 지키기 위해 자신들의 입장을 버리고 스스로 프롤레타리아 계급의 입장을 취하는 것이다.

'위험한 계급'이며 사회적 쓰레기로서 옛 사회의 최하층으로 버림받아 수동적으로 부패한 대중은 프롤레타리아 혁명에 이리저리 휩쓸릴 수도 있겠지만, 그들의 생활 조건은 반동적 음모의 도구로 매수되기에 충분하다.

옛 사회에서 누렸던 생활 조건의 대부분이 이미 프롤레타리아 계급에게는 실질적으로 사라져버렸다. 프롤레타리아에게는 재산이 없으며, 아내·자식과의 관계도 더 이상 부르주아의 가족 관계와는 아무런 공통점이 없다. 프랑스에서처럼 영국에서도, 독일에서처럼 미국에서도 똑같이 벌어지고 있는 현대 산업 노동과 현대 자본에 대한 종속은 그들로부터 민족적 성격을 말끔히 벗겨냈다. 그들에게 법과 도덕과 종교는 부르주아의 이해관계들을 그 배후에 감추어놓은 수많은 부르주아의 편견들일 뿐이다.

지배권을 장악한 과거의 모든 계급들은 자신들이 독차지한 것에 사회 전반을 종속시켜 기득권을 강화하려 했다. 프롤레타리아는 기존에 자신들이 차지하고 있던 것은 물론 과거의 모든 전유專有 방식을 철폐하지 않고는 사회의 생산력을 지배할 수 없다. 그들에게는 지키고 강화해야 할 자신들만의 것이 전혀 없다. 그러므로 개인적 소유를 위한 기존의 모든 안전장치와 보장 방법을 파괴하는 것이 그들의 임무인 것이다.

역사상 모든 운동은 소수파의 운동이거나 소수파의 이익에 관계된 운동이었다. 프롤레타리아 운동은 엄청난 다수의 이익을 위한 엄청난 다수의 자의식을 갖춘 독립적인 운동이다. 현재 우리 사회의 최하층 계급인 프롤레타리아는 공식적인 사회의 상층계급 전체를 공중분해시키지 않고서는 스스로를 분발시키거나 일으켜 세울 수 없다.

부르주아 계급에 대한 프롤레타리아 계급의 투쟁은 실질적으로는 그렇지 않다 해도 형식적으로는 우선 국가적인 투쟁이다.

당연하게도 각국의 프롤레타리아 계급은 무엇보다 먼저 자국의 부르주아 계급과 관련된 문제들을 처리해야만 한다.

우리는 프롤레타리아 계급의 가장 일반적인 발전 단계를 통해, 기존 사회 내부에서 촉발된 내전이 공공연한 혁명으로 발전하고 부르주아 계급을 폭력적으로 전복시켜 프롤레타리아 지배의 기반을 확립하는 과정을 추적해보았다.

이미 알고 있듯이 지금까지의 모든 사회형태는 억압하는 계급과 억압받는 계급의 반목에 기반을 두고 있다. 하지만 어떤 계급을 억압하기 위해선 적어도 억압받는 계급이 노예적 생존이라도 유지할 수 있도록 어느 정도의 조건은 보장되어야 한다.

봉건적 절대주의에 속박되어 있던 소시민계급이 부르주아 계급으로 발전했던 것처럼 농노제 시기의 농노는 스스로를 코뮌의 구성원으로 끌어올렸다. 이와는 반대로 현대의 노동자는 산업의 발전과 함께 지위 상승을 이루지 못하고 도리어 자기 계급의 생존 조건 아래로 더욱더 몰락하고 있다. 노동자는 빈민이 되었으며, 이들 빈민 집단은 인구와 부의 증가 속도보다 더 급격하게 늘어나고 있다.

이로써 부르주아 계급은 더 이상 사회의 지배계급으로 적합하지 않으며, 자신들의 생존 조건을 최우선적인 법으로서 사회에 강요할 수 없다는 것이 명확해졌다. 부르주아 계급이 사회를 지배하기에 적합하지 않은 이유는 자신의 노예들이 노예로 존재하는 것조차 보장해줄 능력이 없으며, 노예들로부터 부양받기는커녕 오히려 그들을 부양해야만 하는 상태로 노예들이 전락하는 것을 막지 못하기 때문이다.

사회는 더 이상 부르주아 계급의 지배하에서 유지될 수 없으며, 그들의 존재는 더 이상 사회와 조화를 이룰 수 없다.

부르주아 계급의 존재와 지배의 가장 본질적인 조건은 자본의 형성과 증가이며, 자본의 필요조건은 임금노동이다. 임금노동은 오직 노동자 간의 경쟁에만 기초하고 있다. 부르주아 계급이 특별한 의욕도 없이 주도하고 있는 산업의 진보는 경쟁으로 인한 노동자들의 고립을 연합에서 비롯된 혁명적 단결로 대체시킨다. 그러므로 현대 산업의 발전은 부르주아 계급이 상품을 생산하고 전유하는 바로 그 기반 자체를 밑바닥부터 무너뜨린다. 부르주아 계급은 무엇보다 자신들의 무덤을 파줄 사람들을 양산하고 있는 것이다. 부르주아 계급의 몰락과 프롤레타리아 계급의 승리는 불가피하게 동시에 일어난다.

2장
프롤레타리아와 공산주의자

공산주의자들은 전체 프롤레타리아와 어떤 관계에 있을까?

공산주의자들은 다른 노동계급의 당들과 대립하는 별도의 당을 결성하지 않는다.

그들에게는 프롤레타리아 계급 전체의 이해관계와 분리된 별도의 이해관계가 없다.

그들은 자신들만의 분파적 원칙을 세워 프롤레타리아 운동을 그것에 따라 규정하거나 끼워 맞추려 하지 않는다.

공산주의자들은 오직 다음과 같은 면에서만 다른 노동자계급의 당들과 구별된다.

    (1) 각 나라에서 일어나는 프롤레타리아의 투쟁에서 국가적 특성
        과는 관계없이 전체 프롤레타리아의 공통된 이해관계만을 제
        시하고 전면에 내세운다.
    (2) 부르주아 계급에 저항하는 노동계급의 투쟁이 거쳐야만 하는
        다양한 발전 단계에서, 언제 어디서나 그러한 운동 전체의 이
        해를 대변한다.

그러므로 공산주의자들은 실천적인 면에서 모든 나라의 노동계급
정당에서 가장 진보적이고 확고한 분파로서 다른 모든 당들을 앞으
로 밀고 나간다. 또한 이론적인 면에서는 거대한 프롤레타리아 대중
보다 프롤레타리아 운동의 진행 노선과 조건 그리고 궁극적인 결과
들을 명확하게 이해하고 있다는 장점을 갖추고 있다.

공산주의자의 당면 목적은 다른 모든 프롤레타리아 당들의 당면
목적과 동일하다.

즉, 프롤레타리아를 하나의 계급으로 형성하고, 부르주아 계급의
지배를 전복시키며, 프롤레타리아 계급이 정치권력을 장악하도록

하는 것이다.

공산주의자들의 이론적 결론은 결코 이러저러한 보편적 개혁가들이 만들어내고 발견해낸 사상이나 원칙들에 근거하지 않는다. 그러한 결론들은 우리 눈앞에서 벌어지고 있는 역사적 운동으로부터 불거져 나온 현존하는 계급투쟁의 현실적인 관계들을 단순하게 설명한 것일 뿐이다. 현존하는 소유관계의 폐지는 결코 공산주의만의 독특한 특징은 아닌 것이다.

과거의 모든 소유관계는 역사적 조건의 변화에 따라 일어나는 역사적 변화에 언제나 종속되어왔다.

예를 들어, 프랑스혁명은 부르주아의 소유에 유리하도록 봉건적 소유를 폐지했다.

공산주의의 뚜렷한 특징은 전반적인 소유의 폐지가 아니라 부르주아적 소유를 폐지하는 것이다. 그런데 현대의 부르주아적 사유재산은 계급 대립과 소수에 의한 다수의 착취에 기반을 둔 생산물의 생산과 점유 체제의 최종적이고도 가장 완벽한 표현이다.

이런 의미에서 공산주의자들의 이론은 '사유재산의 폐지'라는 한마디 말로 요약될 수 있다.

우리 공산주의자들은 어느 한 사람이 노동의 결실로 취득한 재산,

이른바 모든 개인적 자유와 행동 그리고 자주성의 기반인 그 재산을 폐지하려 한다는 비난을 받아왔다.

힘들게 스스로 개척하여 벌어들인 재산이라니! 당신들은 부르주아적 재산 형태에 앞서 있었던 소기능공과 소농민의 재산을 말하는 것인가? 산업의 발전이 이미 그들의 재산을 엄청나게 파괴했으며 지금도 일상적으로 파괴하고 있으므로, 그러한 소유를 폐지할 필요는 없다.

그렇다면 당신들은 현대 부르주아의 사유재산을 말하는 것인가?

하지만 임금노동이 노동자들에게 알량한 재산이라도 만들어주고 있는가? 전혀 그렇지 않다. 임금노동은 자본을 만든다. 그것은 임금노동자를 착취하는 재산이며, 새로운 착취를 위한 임금노동의 새로운 공급 없이는 증대될 수 없는 재산이다. 현재와 같은 소유는 자본과 임금노동 간의 적대에 근거하고 있다. 지금부터 이러한 적대의 양쪽 측면을 함께 살펴보기로 하자.

자본가가 된다는 것은 생산에 있어 순수한 개인적 지위뿐 아니라 사회적 지위까지 차지하게 되는 것이다. 자본은 오직 다수 구성원들의 연합 활동으로만, 아니, 결국에는 사회 모든 구성원들의 연합된 행위를 통해서만 가동될 수 있는 집단적 산물이다.

그러므로 자본은 개인적인 권한이 아니라 사회적 권한이다.

따라서 자본이 공동재산, 즉 사회 모든 구성원들의 재산으로 바뀐다 해도 개인의 재산이 사회의 재산으로 변형되지는 않는다. 오직 재산의 사회적 성격만이 바뀔 뿐이다. 즉, 재산의 계급적 성격을 잃게 되는 것이다.

이제 임금노동의 측면을 살펴보기로 하자.

임금노동의 평균 가치는 최저임금이다. 다시 말해 노동자로서 간신히 존재하는 데 필요한 생활 수단의 총량이다.

임금노동자는 기껏해야 자신의 존재를 연장하고 재생산할 수 있는 만큼을 노동의 결과로 차지하는 것이다. 우리는 결코 이러한 노동 생산물의 사적 전유를 폐지하려는 것이 아니다. 이러한 전유는 인간적인 생활의 유지와 재생산을 위한 것일 뿐, 그것으로 다른 사람의 노동을 지배할 수 있는 여지는 없다. 우리가 없애려는 것은 노동자들이 단순히 자본의 증대를 위해 살아가며, 지배계급의 이익이 요구하는 정도 내에서만 사는 것이 허용되는 전유의 끔찍한 특성인 것이다.

현재 부르주아 사회의 노동은 축적된 노동을 증대시키는 수단일 뿐이다. 공산주의 사회에서 축적된 노동은 노동자들의 생존의 폭을

넓히고, 풍요롭게 해주며, 촉진시키는 수단일 뿐이다.

그러므로 부르주아 사회에서는 과거가 현재를 지배하지만, 공산주의 사회에서는 현재가 과거를 지배한다. 부르주아 사회에서 자본은 독립적이며 개성을 갖지만, 살아 있는 사람은 종속적이며 개성을 갖지 못한다.

부르주아는 이러한 상태의 폐지를 개성과 자유의 폐지라고 부른다. 그것은 실제로 그렇다. 분명하게 부르주아적 개성과 부르주아적 독립성, 부르주아적 자유의 폐지를 목적으로 하고 있는 것이다.

현재의 부르주아적 생산 조건하에서 자유는 자유무역과 자유매매를 의미한다.

하지만 매매가 사라지게 된다면 자유매매 역시 사라진다. 자유매매에 관한 이야기와 전반적인 자유에 대한 부르주아 계급의 모든 '호언장담'들은 단지 속박받던 중세 상인들의 제한된 매매와 대비했을 때에만 의미가 있을 뿐, 매매와 부르주아적 생산 조건 그리고 부르주아 자체에 대한 공산주의적인 폐지에 저항할 때는 아무런 의미가 없다.

당신들은 우리가 사유재산을 폐지하려 한다는 것을 두려워한다. 그러나 현재 당신들의 사회에서 9/10에 해당하는 구성원들의 사유재산은 이미 사라져버렸다. 소수에게만 사유재산이 존재하는 것은 오로지 그 9/10의 수중에 사유재산이 존재하지 않기 때문이다. 그러므로 당신들은 사회의 광범위한 대다수가 아무 재산도 갖고 있지 않아야만 존재할 수 있는 재산의 형태를 없애려 한다고 우리를 비난하는 것이다.

한마디로 우리가 당신들의 재산을 없애려 한다고 비난하고 있는 것이다. 정확히 그렇다. 우리는 바로 그것을 의도하고 있다.

노동이 더 이상 자본과 화폐 혹은 소작료로 전환되지 않고, 독점할 수 있는 사회 권력으로 전환될 수 없는 그 순간부터, 다시 말해 개인의 소유가 더 이상 부르주아의 소유와 자본으로 변형될 수 없는 그 순간부터 개성이 사라진다고 당신들은 말한다.

그러므로 당신들이 말하는 '개인'이란 바로 부르주아를 의미하는 것이며, 재산의 중간계급 소유자를 의미하는 것이라고 당신들은 고백해야 한다. 사실 그러한 개인은 소멸돼야 하며 존재할 수도 없어야 한다.

공산주의는 어느 누구에게서도 사회의 생산물을 전유할 권력을 박탈하지 않는다. 다만 그러한 전유를 활용해 다른 사람의 노동을 종속시키려 하는 권력을 박탈하는 것일 뿐이다.

어떤 이들은 사유재산을 폐지하면 모든 작업이 중단되고 전반적인 게으름이 우리를 덮칠 것이라는 이유로 반대해왔다.

이러한 반대에 따르자면, 부르주아 사회는 완전한 게으름으로 인해 이미 오래전에 파멸되었어야 한다. 부르주아 사회에서는 일하는 사람들은 아무것도 차지하지 못하는 반면, 무언가를 차지한 사람들은 일을 하지 않기 때문이다. 이러한 반대는 자본이 없어진다면 더 이상 임금노동도 있을 수 없다는 동어반복의 또 다른 표현일 뿐이다.

물질적 생산물의 공산주의적 생산과 전유 방식에 대한 반대는 동일한 방식으로 정신적 생산물의 공산주의적 생산과 전유 방식에 대한 반대로 이어졌다. 부르주아에게는 계급적 소유의 소멸이 생산 자체의 소멸과 같다. 이와 마찬가지로 그들에게는 계급 문화의 소멸이 모든 문화의 소멸과 동일한 것이다.

자신들이 잃게 되는 것을 애통해 하는 그 문화는, 엄청난 대다수의 사람들에게는 하나의 기계로 행동하기 위한 단순한 훈련일 뿐이다.

그러나 자유나 문화, 법 따위의 부르주아적 관념의 기준을 우리가 의도하는 부르주아적 소유의 폐지에 적용시키려는 태도로는 우리와 논쟁할 필요가 없다. 당신들의 법체계는 그저 당신들의 계급 의지를 모든 사람에게 적용되는 법으로 만든 것일 뿐이다. 그러한 의지가 지닌 본질적인 특성과 방향이 당신들의 계급이 존재하는 데 필요한 경제적 조건에 의해 결정되는 것처럼, 당신들의 사상 자체는 부르주아적 생산과 부르주아적 소유 조건의 산물일 뿐이다.

생산의 진보 속에서 나타나고 사라지는 역사적 관계일 뿐인 당신들의 현재 생산방식과 소유 형태로 생겨난 사회 형태를 마치 자연과 이성의 영원한 법칙인 것처럼 바꾸려는 이기적인 망상은 앞서 존재했던 모든 지배계급도 가지고 있었던 것이다. 고대의 소유에서 당신들이 분명하게 확인하고, 봉건적 소유에서 당신들이 인정한 것을, 당신 자신들의 부르주아적 소유 형태에서는 당연히 인정하지 않으려 할 것이다.

가족제도의 폐지라니! 가장 급진적인 사람들조차도 공산주의자들의 이 악명 높은 제안에는 격분하고 있다.

현재의 가족, 즉 부르주아적 가족은 무엇에 기반을 두고 있는가? 자본과 사적인 이익에 기반을 두고 있다. 완전하게 발전된 형태의 이러한 가족은 오직 부르주아 계급에만 존재한다. 하지만 이러한 상태는 프롤레타리아 가족의 실질적 부재와 공창제도를 통해 보완된다.

이러한 보완제도가 소멸하면 부르주아적 가족은 당연하게 소멸될 것이며, 자본의 소멸과 함께 둘 다 소멸될 것이다.

당신들은 자녀에 대한 부모의 착취가 중단되기를 원한다고 해서 우리를 비난하는 것인가? 그러한 범죄라면 우리는 유죄임을 인정한다.

하지만 우리가 가정교육을 사회교육으로 대체하려 하면, 당신들은 가장 신성한 관계를 파괴하는 것이라고 말할 것이다.

그렇다면 당신들의 교육은 어떠한가? 당신들의 교육은 사회적이지 않으며, 학교 등을 통한 사회의 직접적이거나 간접적인 개입에 따른 사회 조건하에서 결정되지 않는다는 말인가? 공산주의자들은 교육에 대한 사회의 개입을 만들어내지 않는다. 다만 그 개입의 성격을 바꾸고, 지배계급의 영향으로부터 교육을 구해내려고 노력하고 있다.

부모와 자식의 신성한 상호 관계라는 가족과 교육제도에 대한 부르주아의 허튼소리는 현대 산업으로 프롤레타리아 계급 내의 모든 가족적 유대가 갈기갈기 찢기고, 그들의 자녀가 단순한 상품이나 노동의 도구로 변질되어갈수록 한층 더 혐오스러워진다.

하지만 전체 부르주아 계급은, 너희 공산주의자들은 여성 공유제를 도입하고 싶어 하는 것이라며 목청껏 외쳐댄다.

부르주아들은 자기 아내를 단순한 생산도구로 바라본다. 그들은 생산도구는 공동으로 활용되어야 한다는 말을 들었으므로, 자연스럽게 모두가 공유하는 운명이 여성들에게도 똑같이 닥칠 것이라는 결론에만 도달할 수 있는 것이다.

그들은 단순한 생산도구로서의 여성의 지위를 없애는 것이 우리의 진정한 목적이라는 것에 대해서는 전혀 모르고 있다.

더구나 공산주의자들이 공개적이며 공식적으로 확립시키려 한다고 꾸며대고 있는 여성 공유제에 대해 우리의 부르주아들이 도덕적 의분을 느낀다는 것보다 더 우스꽝스러운 일은 없다. 그것은 아득한 옛날부터 존재해오고 있었으므로, 공산주의자들이 여성 공유제를 도입할 필요는 전혀 없다.

우리의 부르주아들은 공창은 말할 것도 없이, 프롤레타리아의 아내와 딸들을 마음껏 농락하는 것으로도 만족하지 못하여 서로의 아내를 유혹하는 것을 가장 큰 쾌락으로 삼고 있다.

부르주아의 결혼은 사실상 부인 공유제이므로, 공산주의자들이 비난받을 만한 것이 있다면 기껏해야 위선적으로 감추어진 그 제도 대신 공개적으로 공식화된 여성 공유제를 도입하려 한다는 것이어야 할 것이다. 게다가 현재의 생산 제도가 폐지되면 이 제도 내에서 생겨난 여성 공유제, 즉 공창과 사창도 폐지된다는 것은 너무나도 자명한 일이다.

국가와 국적을 폐지하려 한다는 것 때문에 공산주의자들은 더욱 많은 비난을 받고 있다.

노동자들에게는 국가가 없다. 그들이 갖고 있지 않은 것을 그들로부터 빼앗을 수는 없는 일이다. 프롤레타리아는 무엇보다 먼저 정치적 지배권을 획득해야 하고, 민족의 지도 계급으로 올라서야 하며, 스스로 그 민족을 구성해야만 하기 때문에 비록 부르주아적인 의미는 아닐지라도 그 자체가 민족적이다.

민중들 간의 민족적 차이와 적대는 부르주아 계급의 발전, 상업의 자유, 세계 시장, 생산양식과 그에 수반된 생활 조건의 획일화로 날이 갈수록 사라지고 있다.

프롤레타리아의 지배는 그러한 것들을 더욱더 빨리 사라지게 만들 것이다. 최소한 선진문명국가들의 단결된 행동은 프롤레타리아 해방을 위한 최우선 조건 중의 하나이다.

개인에 의한 개인의 착취가 종식되는 것에 비례하여 민족에 의한 민족의 착취 또한 종식될 것이다. 민족 내 계급 간의 적대가 사라지는 것에 비례하여 민족과 민족 간의 적대 행위는 끝나게 될 것이다.

종교, 철학 그리고 일반적인 이데올로기의 관점에서 제기되는 공산주의에 대한 비난들은 진지하게 검토할 만한 가치도 없다.

물질생활과 사회관계 그리고 사회적 삶의 조건들이 변하면 인간의 인식, 견해와 개념, 한마디로 말해 인간의 의식도 변한다는 것을 이해하는 데 그토록 심오한 직관이 필요하단 말인가?

게다가 물질적 생산의 변화에 비례하여 정신적 생산의 성격이 변해왔다는 것 외에 사상의 역사가 증명하고 있는 것은 무엇인가? 각 시대의 지배적인 사상은 언제나 사회 지배계급의 사상이었다.

사람들이 사회를 변혁시킨 사상을 이야기할 때, 그들은 낡은 사회 내부에서 새로운 사회의 요소들이 만들어졌다는 사실, 그리고 낡은 사상의 소멸은 낡은 생존 조건들의 소멸과 보조를 맞춰 이루어진다는 당연한 사실을 표현하는 것일 뿐이다.

고대 세계가 마지막 고비에 이르렀을 무렵 기독교는 고대 종교를 정복했다. 18세기에 기독교 사상이 합리주의 사상에 굴복할 무렵 봉건사회는 당대의 혁명적인 부르주아 계급과 최후의 결전을 치렀다. 종교의 자유와 양심의 자유라는 사상은 단지 지식의 영역에서도 자유경쟁이 지배한다는 사실을 표현한 것일 뿐이었다.

우리는 이런 말을 듣게 될 것이다.

"종교적 · 도덕적 · 철학적 · 법적 사상은 의심의 여지없이 역사 발전 과정에서 변형되어왔다. 하지만 종교와 도덕, 철학과 정치학 그리고 법은 이러한 변화 속에서도 변함없이 살아남았다."

"그밖에도 자유나 정의와 같이 모든 사회에 공통적인 영원한 진리들이 있다. 하지만 공산주의는 영원한 진리와 모든 종교 그리고 모든 도덕을 새로운 기반 위에 구축하는 대신 폐지한다. 그러므로 공산주의는 과거의 모든 역사적 경험과 모순되게 행동하는 것이다."

이러한 비난은 결국 무엇으로 귀결되는가? 모든 사회의 역사는 각각의 시대마다 서로 다른 형태를 갖춘 계급 적대의 진전으로 이루어져왔다.

하지만 그것들이 어떤 형태를 취했든 사회의 일부가 다른 일부를 착취했다는 사실을 공통적으로 보여준다. 그렇다면 과거 시대의 사회의식이 다종다양한 모습을 보일지라도 공통적인 형태나 일반적인 사상 안에서 움직인다는 것이며, 이것은 계급 적대가 완전히 소멸되지 않고서는 완벽하게 사라질 수 없다.

공산주의 혁명은 전통적인 소유관계와 가장 근본적으로 결별하는 것이다. 그러므로 공산주의 혁명의 전개는 전통적인 사상들과 가장 근본적으로 결별하는 것을 포함하고 있다.

자, 공산주의에 대한 부르주아 계급의 반론들은 이쯤에서 정리하기로 하자.

우리는 앞에서 노동계급 혁명의 첫걸음은 민주주의 투쟁에서 승리하기 위해 프롤레타리아를 지배계급으로 끌어올리는 것임을 알게되었다.

프롤레타리아는 부르주아 계급으로부터 모든 자본을 점차적으로 빼앗아오고, 모든 생산도구를 국가의 지배하에, 즉 지배계급으로 조직된 프롤레타리아의 지배하에 집중시켜 최대한 빨리 총생산력을 증대시키는 데 그들의 정치적 지배력을 활용할 것이다.

물론 처음에는 소유권과 부르주아적 생산 조건들에 대한 전제적인 침해를 통해서만, 그러므로 경제적으로 불충분하고 지지할 수 없는 것처럼 보일 수도 있지만 운동의 과정에서 자신들을 극복하고, 낡은 사회질서에 대한 그 이상의 침해를 필연적인 것으로 만들며, 생산양식을 전면적으로 변혁시키기 위한 불가피한 수단이 되는 조치들을 통해서만 실행될 수 있을 것이다.

물론 이러한 조치들은 나라에 따라 다르게 적용될 것이다.

그럼에도 가장 선진적인 나라들에서는 다음 사항들이 지극히 일반적으로 적용될 것이다.

1. 토지 소유를 폐지하고, 모든 토지는 공공의 목적으로만 임대한다.
2. 높은 비율의 누진소득세를 적용한다.
3. 모든 상속권을 폐지한다.
4. 모든 망명자와 반역자들의 재산을 몰수한다.
5. 국가 자본과 배타적 독점권을 가진 국립은행을 통해 신용을 국가의 손안에 집중시킨다.
6. 교통과 운송 수단을 국가의 손안에 집중시킨다.
7. 국가 소유의 공장과 생산도구를 확장시킨다. 황무지를 개간하고 공동의 계획에 따라 토양을 전반적으로 개선시킨다.
8. 모두가 노동에 동등한 의무를 지닌다. 산업 군대 특히 농업을 위한 산업 군대를 편성한다.
9. 농업을 제조산업과 결합시키고, 인구를 전국적으로 더 균등하게 분산하여 도시와 농촌 간의 차별을 점진적으로 폐지한다.
10. 공립학교에서 모든 어린이들을 위한 무상교육을 실시한다. 현재와 같은 형태인 어린이들의 공장 노동을 폐지한다. 교육을

산업적 생산과 결합한다. 등등.

발전 과정에서 계급적 차별이 사라지고 전국적인 거대 연합체에 모든 생산이 집중되면, 공권력은 그 정치적 성격을 잃게 될 것이다. 이른바 정치권력이라는 것은 단순히 다른 계급을 억압하기 위해 조직된 어느 한 계급의 권력일 뿐이다. 만약 프롤레타리아가 부르주아 계급과의 투쟁 과정에서 상황에 떠밀려 어쩔 수 없이 스스로를 하나의 계급으로 조직한다면, 또한 혁명을 통해 스스로 지배계급이 되어 낡은 생산 조건들을 무력으로 없애버리게 된다면, 그들은 이러한 생산 조건과 더불어 계급 적대와 전반적인 계급의 존재 조건들도 함께 없애버리게 될 것이다. 그리고 그렇게 함으로써 하나의 계급으로서 차지하게 된 그들 자신의 지배권도 폐지할 것이다.

계급과 계급 적대로 구성된 낡은 부르주아 사회를 대신하여, 우리는 각자의 자유로운 발전이 모두의 자유로운 발전을 위한 조건이 되는 하나의 단체를 갖게 될 것이다.

3장
사회주의자와 공산주의 문헌

1) 반동적 사회주의

A. 봉건적 사회주의

자신들의 역사적 신분으로 인해 현대 부르주아 사회에 반대하는 소책자를 집필하는 것이 프랑스와 영국 귀족들의 사명이 되었다. 1830년 프랑스의 7월 혁명과 영국의 개혁운동에서 귀족들은 다시 한 번 끔찍한 벼락 출세자들에게 굴복했다. 그 후로 심각한 정치투쟁은 전혀 불가능한 일이 되어버렸다. 그들에게는 오직 문헌을 통한 투쟁만이 가능했다. 그러나 문헌의 지배에도 불구하고 왕정복고시대[1] 의 구태한 주장들은 전혀 통하지 않았다.

귀족들은 공감을 불러일으키기 위해 짐짓 자신들의 이익은 돌보지 않고 착취당하는 노동계급의 이익만을 위해 부르주아 계급을 명확하게 고발하는 척해야만 했다. 그들은 새로운 주인에 대해 비아냥거리는 노래를 부르고, 주인의 귀에 대고 앞으로 다가올 재난의 불길한 예언을 속삭이는 것으로 복수를 시도했다.

비탄과 비아냥, 과거의 메아리와 미래에 대한 위협으로 봉건적 사회주의가 생겨났다. 때로는 신랄하고 재치 있으며 가시 돋친 비판으로 부르주아 계급의 간담을 서늘하게 했지만, 현대 역사의 진로를 파악할 능력이 전혀 없었으므로 그 결과는 늘 우스꽝스러운 것이었다.

귀족들은 사람들을 자기편으로 끌어들이기 위해 프롤레타리아의 자선함을 전면에 내세워 깃발 삼아 흔들어댔다. 하지만 사람들은 그들에게 합류할 때마다, 그들의 등짝에 찍혀 있던 낡은 봉건 문장紋章

---

1. 1814~1830년 프랑스의 왕정복고시대

을 보고는 불경스럽게 큰 웃음을 터뜨리며 떠나가버렸다.

프랑스 정통 왕당파[1]와 영국 청년단[2] 일파도 이러한 구경거리를 펼쳐보였다.

봉건주의자들은 자신들의 착취 양식이 부르주아 계급과는 달랐다는 점을 지적하지만, 자신들이 전혀 다른 상황과 조건하에서 착취를 했었다는 사실은 까맣게 잊고 있다. 또한 자신들의 지배하에서 현대 프롤레타리아는 전혀 존재하지 않았다고 밝히지만, 현대 부르주아 계급은 그들이 만든 사회 형태에서 필연적으로 태어난 후예라는 사실은 잊고 있는 것이다.

게다가 자신들의 비판이 지니고 있는 반동적인 성격을 거의 감추지도 않기 때문에, 부르주아 계급을 겨냥한 그들의 주된 비난은 부르주아 체제하에서 낡은 사회질서를 송두리째 없애버릴 운명을 타고난 하나의 계급이 발전하고 있다는 것까지 언급하고 있다.

---

1. 정통 왕당파: 1830년에 타도된 부르봉 왕조의 추종자들로 세습적인 대토지 소유 귀족의 이해관계를 대변했다. 금융 귀족과 대부르주아 계급의 지지를 받던 오를레앙 공의 왕정(7월 왕정)에 대항하여 싸우던 이들의 일부는 대중 선동에 호소하면서 부르주아 계급의 착취로부터 근로 대중을 보호하는 척했다.

2. 영국 청년단: 토리당에 속하던 영국의 정치가와 문필가들로 이루어진 집단으로 1840년대 초에 형성되었다. 토지 소유 귀족들의 불만을 대변하던 영국 청년단의 대표들은 부르주아 계급의 힘이 커지자 노동자들을 선동하여 부르주아 계급과의 싸움에 이용했다.

귀족들은 부르주아 계급이 프롤레타리아가 아니라, 혁명적인 프롤레타리아를 만들어낸다는 것에 대해 신랄하게 비판한다.

그러므로 그들은 정치적 실천에서는 노동자계급에 반대하는 모든 강압적인 조치들에 합류하고 있으며, 자신들의 허세에 가득 찬 말들에도 불구하고, 일상생활에서는 산업의 나무에서 떨어지는 황금 사과를 줍기 위해, 그리고 진리와 사랑과 명예를 양모와 사탕무 그리고 주정酒精과 교환하기 위해 기꺼이 허리를 굽히는 것이다.

성직자가 봉건영주와 손을 맞잡고 나아갔듯이, 성직자 사회주의 역시 봉건 사회주의와 손을 맞잡고 있다.

기독교적 금욕주의에 사회주의적 색깔을 덧칠하는 것만큼 쉬운 일은 없다. 기독교 역시 사적 소유와 결혼과 국가를 비난하지 않았던가? 기독교는 그러한 것들 대신 자비와 가난, 독신과 육체적 금욕, 수도원 생활과 교회를 전도해오지 않았던가? 기독교적 사회주의는 귀족들의 불만을 신성하게 해주기 위해 성직자들이 뿌려주는 성수聖水일 뿐이다.

B. 소부르주아 사회주의

봉건귀족만이 부르주아 계급에 의해 파멸에 이른 유일한 계급도 아니고, 현대 부르주아 사회의 분위기 속에서 존재의 조건이 열악해지고 몰락해버린 유일한 계급도 아니다. 중세의 시민과 소농민은 현대 부르주아 계급의 선구자들이었다. 산업이나 상업이 발전하지 못한 나라들에서는 여전히 이 두 계급이 부상하고 있는 부르주아 계급과 나란히 존재하고 있다.

현대 문명이 충분히 발달한 나라에서는 프롤레타리아와 부르주아 사이를 오락가락하며 부르주아 사회의 보완적인 일부로서 스스로를 쇄신하는 새로운 소부르주아 계급이 형성돼왔다. 하지만 이 계급의 구성원들은 경쟁 행위로 인해 줄곧 프롤레타리아로 전락하고 있다. 현대 산업이 발전하면서 그들은 자신들이 독립적인 일파로서는 완벽하게 사라지고 제조업·농업·상업의 관리인으로, 토지관리인과 상점주로 대체되는 순간이 다가오는 것도 확인하게 된다.

인구의 절반 이상이 농민인 프랑스 같은 나라에서 부르주아 계급에 대항해 프롤레타리아 편에 선 문필가들이 부르주아 체제를 비판하면서 농민과 소부르주아의 기준을 사용하고 이러한 중간계급의 관점에서 노동계급을 강력히 지원한 것은 당연한 일이었다. 소부르주아 사회주의는 이렇게 생겨난 것이다. 프랑스뿐만 아니라 영국에서도 시스몽디[1]는 이 학파의 지도자였다.

이 사회주의 학파는 현대적 생산 조건의 모순을 매우 날카롭게 분석해냈다. 그들은 경제학자들의 위선적인 변명들을 적나라하게 폭로했다. 그리고 기계와 분업의 재난과 같은 결과와 소수에게 집중되는 자본과 토지, 과잉생산과 공황이라는 문제를 논쟁의 여지없이 입증했다. 그들은 소부르주아와 농민의 불가피한 몰락, 프롤레타리아의 고통, 생산의 무정부적 행태, 부의 분배에서 나타나는 치명적인 불평등, 국가 간의 파멸적인 산업 전쟁, 낡은 도덕적 유대와 낡은 가족 관계 그리고 낡은 민족성의 붕괴를 지적했다.

그렇지만 그들의 목적을 긍정적으로 살펴본다 해도, 이러한 형태의 사회주의는 낡은 생산수단과 교환 수단 그리고 낡은 소유관계와 낡은 사회를 복원시키려 하거나, 현대의 생산과 교환 수단들을 낡은 소유관계의 틀 속에 다시 가두려 하는 것이다. 그 어떤 경우라도 그

---

1. 시스몽디(1773~1842): 스위스의 경제학자이자 역사가. 소부르주아의 입장에서 자본주의를 비판했으며 소생산을 이상형으로 제시했다.

것은 반동적이며 몽상적인 태도이다.

그들의 말은 결국, 제조업에서는 연합 길드를, 농업에서는 가부장적 관계를 주장하는 것이다.

결국 확고한 역사적 사실들이 자기기만의 도취 효과를 쫓아내게 되자, 이러한 형태의 사회주의는 비참한 우울증의 발작으로 끝나버렸다.

C. 독일의 혹은 '진정한' 사회주의

프랑스의 사회주의와 공산주의 문헌은 권력을 차지한 부르주아의 억압 아래에서 생겨난 것으로 권력에 저항하는 투쟁의 표현이었다. 그 문헌들은 독일 부르주아 계급이 이제 막 봉건적 절대주의와 경쟁을 시작했을 무렵 독일에 소개되었다.

독일의 철학자들과 철학자 지망생들 그리고 재기 있다는 인사들은 이 문헌에 열심히 빠져들었지만, 그 문헌들이 프랑스에서 독일로 넘어올 때 프랑스의 사회 조건과 함께 넘어온 것은 아니라는 사실을 잊고 있었다. 독일의 사회 조건과 마주치는 순간 이 프랑스 문헌들의 직접적인 실천적 중요성은 모두 상실되고, 순수하게 문헌적인 측면만 부각되었던 것이다. 그러므로 18세기 독일의 철학자들에게는 첫 번째 프랑스혁명이 주장하는 것이 단지 전반적인 '실천이성'의 요구일 뿐이었다. 그들의 눈에는 혁명적인 프랑스 부르주아 계급이 보여주는 의지의 표출이 그저 순수의지, 그렇게 되어야만 하는 의지, 일반적으로 진정한 인간 의지의 법칙으로만 보일 뿐이었다.

독일 지식인들의 세계는 오직 자신들의 고대 철학 의식과 조화를 이루도록 새로운 프랑스 사상을 도입하는 것, 더 정확히 말하자면 자신들만의 철학적 관점을 버리지 않으면서 프랑스 사상을 병합하는 것으로 이루어져 있었다.

이러한 병합은 이른바 번역을 통해 외국어가 도용되는 것과 똑같은 방법으로 이루어졌다.

수도사들이 고대 이교도가 남긴 고전 작품의 필사본 위에 어떤 식으로 가톨릭 성자들의 어이없는 생애를 다시 작성해 넣었는지는 너무나도 잘 알려져 있는 일이다. 독일의 지식인들은 세속적인 프랑스 문헌들을 이용해 그것과 정반대의 과정을 밟았다. 그들은 프랑스 문헌의 원본 밑에다 자신들의 철학적 헛소리를 끼워 넣었다. 예를 들면, 프랑스인들이 화폐의 경제적 기능에 대해 비판한 내용에는 '인간성의 소외'라 써넣고, 부르주아 국가에 대해 비판한 내용에는 '보편 범주의 폐위'와 같은 말을 덧붙여 넣었던 것이다.

프랑스에서 이루어진 역사적 비판의 배후에 이러한 철학적 수사들을 도입하는 것에 대해 그들은 자랑스럽게 '행동의 철학' '참된 사회주의' '독일의 사회주의 과학' '사회주의의 철학적 기반'과 같은 별칭을 붙였다.

이로 인해 프랑스의 사회주의와 공산주의 문헌은 알맹이가 빠져버리고 말았다. 그리고 독일인의 수중에서는 이 문헌이 계급 간의 투쟁을 표현하지 않게 되었으므로, 그들은 '프랑스의 편파성'을 극복하고, 현실의 요구가 아닌 진실의 요구를, 즉 프롤레타리아의 이익이 아니라 인간 본성의 이익을, 그 어떤 계급에도 속하지 않고 실체도 없으며 오직 철학적 환상의 애매한 영역에만 존재하는 일반적인 인간의 이익을 대변하게 되었다고 인식했다.

학생에게 부과될 법한 숙제를 너무나도 진지하고 엄숙하게 받아들이고, 그처럼 돌팔이풍의 빈약한 재고품을 격찬하는 가운데 독일의 사회주의는 점차 그 현학적인 순진무구함을 잃게 되었다.

독일의 투쟁, 특히 봉건귀족과 절대군주제에 대항하는 프로이센 부르주아의 투쟁, 즉 자유주의 운동은 갈수록 진지해졌다.

그로 인해 정치 운동에 사회주의자의 요구를 들이대고 자유주의와 대의제 정부에 반대하며, 부르주아적 경쟁과 출판의 자유, 부르주아적 입법과 자유와 평등에 반대하여 전통적인 저주를 퍼붓고, 대중들에게는 이러한 부르주아 운동을 통해 아무것도 얻을 수 없으며 모든 것을 잃게 될 것이라고 설득할 수 있는, '진정한' 사회주의가 오랫동안 갈망해왔던 기회를 얻게 되었다. 하지만 프랑스의 비판을 우스꽝스럽게 반영한 독일의 사회주의는 그 프랑스의 비판이 독일에서 벌어지고 있는 투쟁이 이루려는 목적인, 부르주아 사회의 경제적 존재 조건과 그에 적합한 정치구조를 갖춘 현대 부르주아 사회의 존재를 전제로 하고 있다는 것을 때마침 잊고 있었다.

성직자와 교수, 지방의 유지와 관료들을 거느린 독일의 절대주의 정부들에게 독일 사회주의는 위협적인 부르주아 계급에 대항하는 고마운 허수아비 역할을 한 것이다.

독일 사회주의는 바로 그 정부들이 그 당시 독일 노동자계급의 봉기에 맞서 처방했던 채찍과 총탄이라는 쓰디쓴 약을 무마해주는 감미로운 마무리였다.

'진정한' 사회주의는 그렇게 독일 부르주아 계급과의 싸움을 위한 무기로서 정부에 봉사하면서, 동시에 독일 속물들의 반동적인 이익을 직접적으로 반영했다. 16세기의 유물이면서 그 이후 지속적으로 다양한 형태로 다시 나타났던 소부르주아 계급은 현재 상황의 실질적인 사회적 기반이다.

이 계급을 유지한다는 것은 독일에서 현재 상황을 유지한다는 것이다. 부르주아 계급의 산업적·정치적 지배는 한편으로는 자본의 집중으로 인해, 다른 한편으로는 혁명적 프롤레타리아의 부상으로 인해 소부르주아 계급에게 일정한 파멸의 위협을 가한다. '진정한' 사회주의는 한 개의 돌로 이 두 마리 새를 잡을 수 있는 것처럼 보였다. 그리고 '진정한' 사회주의는 마치 전염병처럼 널리 퍼졌다.

수사학이라는 꽃으로 수를 놓고, 창백한 감상이라는 이슬에 함빡 젖은 사변적인 거미줄로 만든 옷, 피부와 뼈밖에 없어 안쓰러운 자신들의 '영원한 진실'을 감싸고 있던 독일 사회주의자들의 이 관념적인 옷은 대중들 사이에서 그들의 상품 판매량을 놀랄 만큼 증대시키는 역할을 했다. 그리고 독일의 사회주의 진영은 점점 더 자신들의 소명을 소부르주아 속물들의 허풍선이 대변인이라고 인식하게 되었다.

그들은 독일이 모범 국가이며, 독일의 소부르주아 속물들이 모범적인 인간이라고 선언했다. 그들은 이 모범 인간들이 보여주는 모든 상스러운 비열함에 실제적인 특성과는 정반대인 은밀하고, 고상한 사회주의적 해석을 제공했다. 그들은 공산주의의 '야만스럽고 파괴적인' 경향에 직접 반대하고, 모든 계급투쟁에 대해 최상의 그리고 공평한 경멸을 선언하는 경지로까지 나아갔다. 매우 드문 예외는 있지만, 현재(1847) 독일에서 나돌고 있는 이른바 사회주의와 공산주의 출판물들은 모두 이처럼 비열하고 무기력한 범주에 속하는 것들이다.

2) 보수적 혹은 부르주아적 사회주의

부르주아 계급의 일부는 부르주아 사회의 존속을 확고히 하기 위해 사회적 불만을 시정하고 싶어 한다.

이 부류에는 경제학자, 박애주의자, 인도주의자, 노동계급의 지위를 향상시키려는 사람들, 자선 사업 조직자, 동물 학대 방지 협회의 회원, 열렬한 금주 운동가 등 상상할 수 있는 모든 하찮은 개혁가들이 속해 있다. 더 나아가 이러한 사회주의 형태는 완전한 체계로까지 발전해왔다.

프루동의 『빈곤의 철학』[1]을 이러한 형태의 한 가지 예로 들 수 있을 것이다.

사회주의적 부르주아는 현대 사회 조건의 모든 장점은 가지려 하지만, 그것으로부터 필연적으로 생겨나는 투쟁과 위험만은 배제하고 싶어 한다. 그들은 사회의 현재 상태에서 혁명적이고 붕괴적인 요소들은 빼버리고 싶어 한다. 그들은 프롤레타리아가 없는 부르주아 계급을 원하는 것이다. 부르주아 계급은 당연하게도 자신들이 지배하는 세계를 최선의 세계로 인식한다. 그리고 부르주아 사회주의는 이처럼 안이한 인식을 어느 정도 완벽함을 갖춘 다양한 체계로 발전시킨다. 부르주아 사회주의는 프롤레타리아에게 이러한 체계를 실행하여, 사회적 신新예루살렘으로 곧장 진입하기를 요구하지만, 그것은 사실상 프롤레타리아에게 현 사회의 경계 내에 머물러 있으면서도 부르주아 계급과 관련된 증오에 찬 모든 생각들은 버려야만 한다고 요구하는 것이다.

---

1. 프루동(1809~1865)은 1846년에 자신의 두 번째 저작이자 최초의 경제 이론서인 『빈곤의 철학』을 집필했다. 마르크스는 프루동에게서 『빈곤의 철학』을 받아본 뒤 곧, 이를 비꼬아서 『철학의 빈곤』(1847)을 발표하여 프루동의 주장을 격렬히 비판했다. 마르크스는 프루동이 "경제학의 범주를 생산력 발전의 특정한 단계에 조응한 생산 관계의 이론적 표현이라고 파악하지 못하고, 그것을 마치 모든 현실보다 앞서 존재하는 외부적 이념인 양 변형했다"고 비판했다. 그 결과, 프루동은 계급 모순이 조화와 평등이라는 공상적 청사진에 의해 폐지될 수 있다는 환상에 빠지고 말았다는 것이다.

조금 더 실용적이기는 하지만 체계적이지는 못한 이러한 사회주의의 또 다른 형태에서는 단순한 정치 개혁이 아니라 오직 경제 관계의 물질적 존재 조건을 바꾸는 것만이 노동계급에게 이익이 될 수 있다는 것을 보여줌으로써, 노동계급의 목전에서 모든 혁명 운동을 평가절하하려고 한다. 그러나 이러한 형태의 사회주의는 물질적 존재 조건의 변화를 오직 혁명을 통해서만 가능한 부르주아적 생산 관계의 폐지로 이해하는 것이 아니라, 오직 이러한 생산 관계의 존속에 기반을 둔 행정적 개혁으로 이해한다. 따라서 개혁은 자본과 노동 사이의 관계에 아무런 영향을 끼치지 못하며 기껏해야 부르주아 정부의 비용을 줄이고 행정업무를 단순화하는 것일 뿐이다.

부르주아 사회주의는 하나의 단순한 비유가 될 때, 오직 그때에만 그럴 듯한 표현이 된다.

자유무역은 노동계급의 이익을 위한 것, 보호관세는 노동계급의 이익을 위한 것, 감옥의 개혁도 노동계급의 이익을 위한 것이다. 이것이 바로 부르주아 사회주의라는 단어의 결정적이며, 유일하게 진지한 의미이다.

이것은 다음과 같은 문장으로 요약된다. 즉, 부르주아는 노동계급의 이익을 위한 부르주아다.

3) 비판적 - 공상적 사회주의와 공산주의

우리가 여기에서 언급하려는 것은 현대의 모든 대혁명에서 언제나 프롤레타리아의 요구를 대변해왔던 바뵈프[1]를 비롯한 사람들의 저작물이 아니다.

자신들의 목적을 달성하기 위한 프롤레타리아의 직접적인 최초의 시도들은 봉건사회가 붕괴하고 있었던 전반적인 동요의 시기에 이루어졌다. 이러한 시도들은 당시 프롤레타리아의 미성숙 상태와 더불어 해방을 위한 경제적 조건들의 부재로 인해 필연적으로 실패했다. 그러한 조건들은 아직 생성되지 않았으며, 당시에 임박해 있던 부르주아 시대에 의해서만 생성될 수 있는 것이었다. 이러한 프롤레타리아의 초기 운동들과 함께 나타난 혁명적 문헌은 당연히 반동적인 성격을 띠고 있었다. 그것은 극히 투박한 형태로 보편적 금욕주의와 사회 평준화를 되풀이해 가르치고 있었다.

---

1. 프랑수아 바뵈프(1760~1797): 프랑스의 초기 공산주의 혁명가. 프랑스대혁명 직후인 1796년에 '평등자단'을 조직했으며, 소수의 음모자들과 함께 혁명적 봉기를 일으켜 공산주의 사회를 건설하고자 했다. 그러나 봉기를 몇 시간 앞두고 음모가 발각되어 바뵈프는 형장의 이슬로 사라지고 말았다. 그가 남긴 『평등자 선언』에는 자신이 구상한 혁명 이론과 사회 건설 방안이 담겨 있다.

정확히 말해 이른바 사회주의와 공산주의 체계라는 생시몽[2]과 푸리에[3], 오언[4] 등의 체계는 앞서 설명했던, 프롤레타리아 계급과 부르주아 계급 간의 투쟁이 발전하지 못한 초기에 나타난 것이었다 (1장 부르주아와 프롤레타리아 참조).

이러한 체계의 창시자들은 실제로 사회의 지배적인 형태 내에서 작동하는 와해 요소는 물론 계급 적대를 알아차리고 있었다. 하지만 유아기에 머물고 있던 프롤레타리아는 그 어떤 역사적 주도권을 갖추거나 독자적인 정치 운동도 펼치지 못하는 계급의 모습만을 보였을 뿐이다.

계급 적대의 발전은 산업의 발전과 함께 이루어지기 때문에 그들은 경제 상황이 아직은 프롤레타리아의 해방을 위한 물질적 조건들

---

2. 클로드 생시몽(1760~1825): 프랑스의 명문 귀족 출신 사회주의 이론가. 19세기 초 프랑스에서 전통적인 토지 귀족 계급이 몰락하고 빈곤 · 실업 등 여러 가지 사회 문제가 야기되자, 『산업 체계론』, 『산업가 교리 문답』 등을 발표하여 다가올 산업사회를 산업가를 중심으로 다시 조직할 것을 주장했다.

3. 샤를 푸리에(1772~1837): 프랑스의 사회주의자. 자본주의 사회의 착취와 부르주아 계급의 탐욕을 비난하고, 사람들이 노동한 양에 따라 공평하게 분배받는 이상 사회 건설을 꿈꾸었다. 푸리에의 추종자들은 그의 설교에 따라 미국으로 건너가서 많은 사회주의 이상촌을 건설했으나 실패했다.

4. 로버트 오언(1771~1858): 영국의 노동운동가이자 사회 개혁가. 뉴 래너크의 대방적공장 소유자였던 오언은 일찍부터 노동자의 참상을 깨닫고 협동조합 운동을 주도했다. 평등 사회 건설을 꿈꾸며 사재를 털어 1825년 미국 인디애나주에 공산촌인 뉴 하모니를 건설했으나 결국 실패로 끝나고 말았다.

을 제공하지 못하고 있다고 생각했다. 그러므로 이러한 조건들을 만들어낼 새로운 사회과학과 새로운 사회법칙을 모색했다.

역사적 행동은 그들의 개인적인 창의적 행동에 그 자리를 내주고, 역사적으로 만들어진 해방의 조건은 환상적인 조건에, 프롤레타리아 계급의 점진적이며 자연발생적인 계급조직은 이러한 발명가들이 특별하게 설계한 사회조직에 그 자리를 내주게 된다. 그들이 보기에 미래의 역사는 그들이 만든 사회적 계획들의 선전 활동으로 그리고 실용적인 실천으로 변형된다.

그들은 자신들의 계획을 구성하면서 가장 고통받는 계급인 노동계급의 이익에 주된 관심을 기울여야 한다는 것을 인식하고 있다. 그들에게는 오로지 가장 고통받는 계급이라는 관점에서만 프롤레타리아 계급이 존재하는 것이다.

그들 자신의 주변 환경은 물론 발달되지 않은 계급투쟁의 상태는 이러한 사회주의자들로 하여금 자신들은 모든 계급 적대로부터 초월해 있다고 생각하도록 만든다. 그들은 모든 사회 구성원의 조건, 심지어는 가장 형편이 좋은 사람들의 조건까지도 개선시키기를 원한다. 이로 인해 계급의 구별도 없이 습관적으로 사회 전체, 아니 오히려 지배계급에 우선적으로 호소하게 되는 것이다. 그러니 일단 사람들이 자신들의 체계를 이해하게 되면, 그것이 구현 가능한 최선의 사회 상태에서 구현 가능한 최선의 계획이라는 것을 어떻게 알아차리지 못할 수 있겠는가?

그러므로 그들은 모든 정치적 행동, 특히 모든 혁명적 행동을 거부한다. 그들은 평화적인 수단으로 자신들의 목적이 이루어지기를 원하며, 필연적으로 실패할 수밖에 없는 소소한 실험들이나 사례의 힘을 통해 새로운 사회의 복음으로 나아갈 수 있는 길을 닦으려 노력한다.

미래 사회에 대한 그와 같은 환상적인 그림은 프롤레타리아 계급이 여전히 매우 미발달된 상태에 머물고 있을 때, 그리고 자신들의 입장이 사회의 전반적인 개조를 위한 이 계급 최초의 본능적 열망과 일치한다는 환상적인 인식만을 품고 있을 때 그려진 것이었다.

하지만 이러한 사회주의와 공산주의 출판물들은 또한 결정적인 요소를 포함하고 있다. 그것들은 기존 사회의 모든 원칙을 공격하고 있기 때문에 노동계급의 계몽을 위한 소중한 자료들로 가득하다. 이 출판물들은 도시와 농촌의 차별 폐지, 가족의 폐지, 개인의 이익을 위한 산업 운영의 폐지, 임금제도의 폐지, 사회적 화합의 선언, 국가의 기능을 단순한 생산의 감독으로 전환할 것 등과 같은 실천적인 수단들을 제안하고 있다. 하지만 이러한 제안들은 모두 당시에 겨우 드러나고 있던 계급 적대의 소멸만을 지적하고 있으며, 이 출판물들은 초기적이고 불분명하고 제대로 정의되지 못한 형태의 계급 적대만을 인식하고 있었다. 그러므로 이러한 제안들은 순전히 공상적인 성격을 띠고 있다.

비판적–공상적 사회주의와 공산주의의 중요성은 역사적 발전과 역관계를 맺고 있다. 현대의 계급투쟁이 발전하여 뚜렷한 형태를 갖추게 되는 것에 비례하여, 투쟁에서 떨어져 있는 이 환상적인 입장, 투쟁에 대한 환상적인 공격들은 모든 실천적인 가치와 모든 이론적인 정당성을 잃어버린다. 그러므로 비록 이러한 체계의 창시자들은 여러 가지 면에서 혁명적이었지만 그들의 제자들은 모든 경우에 단순히 반동적인 분파를 형성하게 된다.

그들은 프롤레타리아 계급의 진보적인 역사적 발전에 반대하여 스승들의 낡은 견해를 굳건히 고수한다. 그러므로 그들은 계급투쟁을 약화시키고 계급 적대를 조정하기 위해 고집스럽게 노력하는 것이다. 그들은 여전히 자신들의 사회적 이상향의 실험적 구현을 꿈꾸며, 고립된 '팔랑스테르'의 건설, '공동부락'의 확립, 신예루살렘의 축소판인 '작은 이카리아'의 구성을 꿈꾼다. 그리고 이러한 공중누

각들을 실현하기 위해 어쩔 수 없이 부르주아의 감성과 지갑에 호소하게 되는 것이다. 그들은 앞에서 묘사한 반동적이고 보수적인 사회주의자의 범주로 조금씩 빠져들게 된다. 다만 이들과 구별되는 점이 있다면 단지 더 체계적인 현학을 갖추고 있으며 자신들의 사회과학이 일으킬 기적적인 효과에 대해 환상적이고 미신적인 믿음을 갖고 있다는 것뿐이다.

그러므로 그들은 노동계급의 편에 선 모든 정치적 행동을 격렬하게 반대한다. 그들의 생각에 따르자면, 그러한 행동은 새로운 복음에 대한 맹목적인 불신만을 낳을 것이기 때문이다.

영국의 오언주의자들과 프랑스의 푸리에주의자들은 각각 차티스트[1]와 개혁파에 반대한다.

---

1. 차티스트: 영국에서 일어난 차티스트운동의 지지자들. 이 운동은 노동자계급이 주도한 세계 최초의 정치 운동으로 1836년부터 1848년까지 계속되었다. 이들은 노동자들의 정치 참여를 제한하는 선거법을 개정할 것을 요구했으며, 노동자들이 자신들의 생활 조건을 개선하고 사회적 지위를 높이려면 적극적으로 정치에 참여해야 한다고 주장했다.

4장
기존의 다양한 반대당들에 대한
공산주의의 태도

2장에서 영국의 차티스트나 미국의 농업 개혁가들과 같은 기존의 노동계급 당파들에 대한 공산주의자의 관계는 명확히 밝혀두었다.

공산주의자는 노동계급의 당면 목표와 현재의 이익을 강화하기 위해 투쟁하고 있지만, 또한 현재의 운동 속에서 이 운동의 미래를 보여주고 소중히 보살피고 있다. 프랑스의 공산주의자는 보수와 급진 부르주아 계급에 대항하여 스스로 사회민주당과 동맹을 맺었지만, 대혁명으로부터 전통적으로 전해져온 문구나 환상적인 생각들에 대해 비판적인 입장을 취할 권리는 유지하고 있다.

스위스에서는 급진당을 지지하지만, 이 당이 부분적으로는 민주적 사회주의자로, 프랑스적인 의미로는 일부 급진적 부르주아라는 적대적 요소들로 구성돼 있다는 사실을 잊지 않고 있다.

폴란드에서는 농업 혁명을 민족 해방의 최우선적인 조건으로 주장하며 1846년에 크라쿠프 봉기를 주도했던 당을 지지한다.

독일에서는 부르주아 계급이 절대군주와 봉건지주 그리고 소부르주아 계급에 대항하여 혁명적인 방법으로 행동할 경우, 그들과 함께 투쟁한다.

그러나 공산주의자들은 부르주아와 프롤레타리아 계급의 적대적 대립에 관한 명확한 인식을 노동계급에게 주입하는 것을 단 한순간도 멈추지 않는다. 그렇게 함으로써 부르주아 계급의 지배와 함께 필연적으로 도입하게 되는 사회·정치적 조건들을 독일 노동자들이 부르주아 계급에 대항하는 다른 무기들처럼 곧바로 사용할 수 있도록, 그리고 독일 내의 반동 계급들이 몰락한 후 부르주아 계급 자체에 대한 투쟁을 즉시 시작할 수 있도록 하는 것이다.

공산주의자는 독일에 주된 관심을 기울이고 있다. 독일은 17세기 영국이나 18세기의 프랑스보다 훨씬 더 발전한 프롤레타리아 계급과 더불어 유럽 문명의 더 진보적인 조건에 따라 실행될 수밖에 없는 부르주아 혁명 전야에 있기 때문이며, 이러한 혁명은 곧바로 이어질 프롤레타리아 혁명의 서곡이 될 것이기 때문이다.

간단히 말하자면, 공산주의자는 어느 곳에서든 기존의 사회·정치적 질서에 저항하는 모든 혁명적인 운동을 지지한다.

이러한 모든 운동에서 공산주의자는 당시의 발전 정도와 관계없이 소유 문제를 주요한 문제로서 전면에 내세운다.

마지막으로 공산주의자는 모든 나라의 민주적 정당들의 통일과 합의를 위해 어디에서나 노력한다.

공산주의자들은 자신의 견해와 목적을 감추는 것을 경멸한다. 그들은 오직 현존하는 모든 사회 조건을 강제로 전복시켜야만 자신들의 목적이 달성될 수 있다는 것을 공개적으로 선언한다. 모든 지배 계급을 공산주의 혁명 앞에서 떨게 하라. 프롤레타리아에게는 쇠사슬 외에는 잃을 것이 없다. 그들은 세상을 얻을 것이다.

전 세계 노동자들이여, 단결하라!

1883년 독일어판 서문

이번 판본의 서문에는 슬프게도 나 혼자 서명을 해야 한다. 유럽과 미국의 모든 노동자계급이 다른 어느 누구보다 더 큰 신세를 지고 있는 마르크스가 하이게이트 묘지에 영면해 있으며 그의 무덤 위에는 이미 첫 번째 풀이 자라고 있다. 그의 죽음 이후로(1883년 3월 14일)『선언』을 개정하거나 보충하겠다는 생각조차 할 수 없었다. 하지만 나는 다음과 같은 사실을 또다시 특별하게 밝혀둘 필요는 있다고 생각하게 되었다.

『선언』을 관통하고 있는 기본적인 생각은, 모든 역사적 시기의 경제적 생산과 거기에서 필연적으로 생겨나는 사회조직은 그 시대의 정치사와 지성사의 토대를 이룬다는 것이며, 그 결과 (원시 공동체적 토지의 소유가 붕괴된 이래로) 모든 역사는 계급투쟁의 역사였으며, 착취계급과 피착취계급 간의 투쟁, 사회 진화의 다양한 단계에서 지배계급과 피지배계급 사이에서 벌어졌던 투쟁의 역사였다는 것이다. 하지만 이제는 착취당하고 억압당하는 계급(프롤레타리아)이 착취와 억압과 계급투쟁으로부터 전체 사회를 영원히 해방시키지 않고서는 착취하고 억압하는 계급(부르주아지)으로부터 더 이상 스스로를 해방시킬 수 없는 단계에 이르렀다는 것이다. 이것이야말로 전적으로 오로지 마르크스의 생각이다.

나는 이러한 사실을 이미 여러 차례 설명한 바 있다. 하지만 바로 지금이야말로 그 생각을 『선언』 자체의 전면에 내세워야 할 때이다.

프리드리히 엥겔스

1883년 6월 28일, 런던

1890년 독일어판 서문

첫 번째 독일어 서문(1883)이 작성된 이후로 『선언』의 새로운 독일어판이 다시 필요하게 되었으며, 『선언』과 관련하여 여기에 기록해 두어야만 할 많은 일들이 일어났다.

두 번째 러시아어 번역본이 베라 자술리치에 의해 1882년에 제네바에서 발표되었다. 그 판본의 서문은 마르크스와 내가 작성했다. 불행하게도 그 독일어 원고를 잃어버리게 되어, 나는 러시아어 판본을 다시 독일어로 번역해야만 했으나, 원문보다 더 나을 수는 없을 것이다. 그 서문은 다음과 같다.

『공산당 선언』의 첫 번째 러시아어판은 바쿠닌의 번역으로 1860년대 초 『종소리Kolokol』의 인쇄소에서 출판되었다. 당시 서유럽은 그 러시아어판에 단지 문필적인 호기심만을 보였다. 오늘날에는 그러한 견해를 품을 수 없을 것이다.

당시(1847년 12월) 프롤레타리아 운동이 얼마나 제한적인 범위에서만 이루어지고 있었는지는 마지막 장(기존의 다양한 반대당들에 대한 공산주의의 태도)에서 가장 명확히 보여주고 있다. 거기에는 분명 러시아와 미국이 빠져 있다. 당시는 러시아가 유럽 반동 세력 전체의 마지막 예비군을 형성하고 있을 때였으며, 미국은 이민을 통해 유럽 프롤레타리아 계급의 과잉 인구를 흡수하고 있던 때였다. 이 두 나라는 유럽의 원료 공급지였으며, 동시에 유럽 공산품의 판매 시장이기도 했다. 그러므로 이 두 나라는 어떤 형식이 되었든 유럽의 기존 체제를 떠받치는 기둥이었다.

오늘날에는 사정이 전혀 달라져 있다. 정확히 말하자면 북미로 이주해간 유럽인들은 그곳을 대규모 농업 생산이 가능한 곳으로 만들었으며, 그 경쟁력은 유럽이 지닌 모든 토지 자산의 근간을 뿌리째 흔들고 있다. 동시에 미국으로 하여금 지금까지 이끌어오던 서유럽, 특히 영국의 산업적 독점을 곧 깨버릴 수 있을 정도로 엄청난 산업 자원들을 정력적으로 개발할 수 있도록 했다. 이 두 가지 상황은 다시 미국 자체에도 혁명적인 방식으로 영향을 끼치고 있다. 전체 정치제도의 기초인 중소 규모 토지를 소유한 농장주들은 차츰차츰 거대 농장의 경쟁력에 굴복하고 있다. 그와 동시에 산업 영역에서는 처음으로 산업 프롤레타리아 집단의 형성과 터무니없는 자본의 집중이 발생하고 있다.

러시아는 또 어떠한가. 1848~1849년의 혁명 기간 동안 유럽의 군주들뿐만 아니라 부르주아들마저도 이제 막 깨어나기 시작한 프롤레타리아 계급 앞에서 러시아의 간섭을 유일한 구원으로 여기게 되었다. 차르는 유럽 반동 세력의 두목으로 선포되었다. 오늘날 그는 가치나에 수용된 혁명의 포로이고, 러시아는 유럽 혁명 운동의 선봉을 이루고 있다.

『공산당 선언』의 과업은 피할 수 없이 닥쳐오고 있는, 현대의 부르주아적인 소유를 폐지한다고 선포하는 것이었다. 그러나 러시아에서는 머리가 어지러울 만큼 급속히 번창하고 있는 자본주의와 이제야 겨우 발전하기 시작한 부르주아적 토지 소유가 있는 반면에, 토지의 절반 이상이 농민의 공동 소유임을 볼 수 있다. 그러면 다음과 같은 의문이 생긴다. 비록 러시아 공동체에서는 토지의 원시적인 공동 소유 형태가 심하게 무너지기는 했지만 어쨌든 그것이 한층 더 높은 공산주의적 공동 소유의 형태로 직접 이행될 수 있겠는가? 그렇지 않으면 거꾸로 서유럽의 역사 발전이 보여준 것과 같은 해체 과정을 먼저 거쳐야만 할 것인가?

이 질문에 대해 오늘날 할 수 있는 대답은 오직 다음과 같다. 만일 러시아 혁명이 서유럽 프롤레타리아 혁명의 신호가 되고 그 결과로 둘이 서로를 보완한다면, 지금 러시아에 남아 있는 토지의 공동 소유는 공산주의 발전의 출발점 역할을 할 수 있을 것이다.

새로운 폴란드어판이 같은 시기에 제네바에서 출판되었다.

그뿐 아니라 새로운 덴마크어 번역본이 1885년 코펜하겐의『사회민주주의 총서』를 통해 출판되었다. 그러나 유감스럽게도 이 판은 전혀 만족스럽지 못했다. 역자에게 어렵게 보였을 중요한 구절들이 몇 개 빠져 있으며, 그렇지 않은 경우에도 역자가 좀 더 신중하게 잘할 수 있었을 텐데 어물어물 넘어간 흔적이 여기저기 눈에 띄어 불쾌하기 짝이 없다.

1886년, 새로운 프랑스어 번역본이 파리의『사회주의자』에 실렸다. 이것은 지금까지 출판된 것 가운데 가장 번역이 잘된 책이다.

이어서 같은 해에 스페인어 번역본이 마드리드의『사회주의자』에 처음 실렸고, 또 소책자로도 출판되었다.

한 가지 신기한 것은 1887년 콘스탄티노플의 한 출판업자가 아르메니아어로 된 번역본 원고를 손에 넣었는데, 이 선량한 사람은 마르크스의 이름이 박힌 책을 내고 싶어 하지 않아서 차라리 역자를 저자로 하여 내려 했으나 역자가 이를 거절했다는 사실이다.

정도의 차이는 있지만 조금씩 잘못 번역된 영어본이 영국에서 여러 차례 거듭 출판된 끝에 마침내 1888년에 믿을 만한 번역본이 나왔다. 그것은 내 친구 사무엘 무어가 번역한 것으로, 인쇄되기 전에 우리 두 사람이 다시 한 번 함께 검토해보았다. 그 제목은 다음과 같다. 『공산당 선언Manifesto of the Communist Party』, 마르크스 · 엥겔스 지음, 영어 번역 정본, 엥겔스가 편집하고 주석을 붙임, 1888, 런던 윌리엄 리브스 구 플리트가 185번지 성聖 E.C. 나는 이 판에 붙인 몇몇 주석을 여기서도 그대로 썼다.

『선언』에는 나름의 경력이 있다. 그것은 출현하자마자 (맨 처음 서문에 열거된 번역본들이 증명하고 있듯이) 당시 아직 소수였던 과학적 사회주의의 선봉으로부터 열광적인 환영을 받았다. 그러나 1848년 6월 파리 노동자 봉기가 실패로 끝나면서 시작된 반동 때문에 『선언』은 얼마 지나지 않아 뒷전으로 밀려났으며, 1852년 11월 쾰른 공산주의자들에 대한 유죄 판결로 마침내 '법에 따라' 파문당했음이 선포되었다. 2월 혁명에서 시작된 노동운동은 공식 무대에서 사라지고, 이와 함께 『선언』도 뒤로 물러나게 되었던 것이다.

유럽의 노동자계급이 지배계급의 권력에 대항해 새로운 진격을 개시할 만큼 또다시 충분히 강해졌을 때, 국제 노동자 협회가 탄생했다. 이 협회의 목적은 유럽과 미국의 전투적인 노동자계급 전체를 하나의 대군大軍으로 뭉치게 하는 것이었다. 따라서 협회는 『선언』에 실린 원리에서 출발할 수는 없었다. 협회에는 영국의 노동조합들이나 벨기에·이탈리아와 스페인의 프루동주의자들, 그리고 독일의 라살레파까지 모두 포용하는 강령이 있어야만 했다.

마르크스는 바쿠닌이나 무정부주의자들도 인정하지 않을 수 없을 만큼 훌륭한 솜씨로 이러한 강령-인터내셔널 규약의 취지를 설명한 부분-을 작성했다. 『선언』에서 제시된 명제들의 궁극적인 승리를 위해서, 마르크스는 전적으로 노동자계급의 지적 발전에 기대를 걸었다. 통일된 행동과 토론을 통해 반드시 지적 발전이 이루어질 것이라고 본 것이다.

자본에 대항하는 투쟁 속에서 일어난 사건들과 승패의 교차, 특히 승리보다는 패배를 지켜보면서 투쟁하는 사람들은 그때까지 써오던 자신들의 만병통치약이 전혀 듣지 않는다는 것을 깨닫지 않을 수 없었으며, 또 노동자 해방의 참된 조건들을 철저히 통찰하기 위해 좀 더 머리를 쓰지 않을 수 없게 되었다.

그리고 마르크스는 옳았다. 1874년 인터내셔널이 해산되었을 때의 노동자계급은 1864년 인터내셔널이 창설되었을 때의 노동자계급과는 완전히 달랐다. 라틴계 나라들의 프루동주의와 독일 특유의 라살레주의는 사멸해가고 있었으며, 당시 가장 보수적이었던 영국의 노동조합까지도 차츰 바뀌어 1887년 스완지 대회에서는 의장이 조합의 이름으로 "우리는 이제 대륙의 사회주의를 두려워하지 않는다"고 말할 정도까지 되었다. 그런데 대륙의 사회주의라면 1887년에는 거의 다 벌써 『선언』에 공포되어 있는 이론뿐이었다.

이처럼 『선언』의 역사는 1848년 이후 현대 노동운동의 역사를 어느 정도 반영하고 있다. 오늘날 그것이 모든 사회주의 문헌 가운데서 가장 널리 보급된 국제적 문헌이며, 시베리아에서 캘리포니아에 이르기까지 모든 나라 수백만 노동자의 공동 강령임은 의심할 여지가 없다.

그러나 『선언』이 나왔을 때 우리는 이것을 사회주의적 선언이라고 부를 수 없었다. 1847년에는 두 부류의 사람들이 사회주의자라고 불리고 있었다. 하나는 각종 공상적 체계의 신봉자들, 특히 영국의 오언주의자들과 푸리에주의자들로 이 두 조류는 당시에 벌써 점점 사멸해가는 하찮은 종파로 쪼그라들어 있었다. 또 다른 하나는 가지각색의 돌팔이 사회 의사들로, 이들은 자본과 이윤은 전혀 손대지 않은 채 온갖 만병통치약과 갖가지 미봉책으로 사회의 재앙을 없애려 했다. 어느 경우에나 그들은 모두 운동 밖에 있으면서, 오히려 '교양 있는' 계급의 지지를 구한 사람들이었다.

반면에 노동자들 가운데서도 단순한 정치 변혁만으로는 충분하지 못하다는 것을 확신하고 사회의 근본적 개혁을 요구한 사람들이 있었는데, 그들은 당시 자신들을 공산주의자라고 불렀다. 그것은 아직 잘 다듬어지지 못한, 단지 본능적이고 좀 조잡한 공산주의이기는 했으나, 공상적 공산주의의 두 체계-프랑스인인 카베의 '이카리아' 공산주의와 독일인 바이틀링의 공산주의-를 만들어낼 만큼 충분히 힘 있는 것이었다.

1847년에 사회주의는 부르주아 운동을 뜻했고, 공산주의는 노동운동을 뜻했다. 사회주의는 적어도 대륙에서는 점잖은 것이었으나 공산주의는 그 반대였다. 그런데 우리는 그때 이미 '노동자의 해방은 노동자계급 자신의 사업이어야 한다'는 의견을 단호하게 고수하고 있었으므로, 이 두 가지 명칭 가운데 어느 것을 선택할지에 대해 다른 의견이 나올 여지는 전혀 없었다. 그리고 그 뒤에도 우리는 이 명칭을 버리려고 생각한 적이 결코 없었다.

'전 세계 노동자들이여, 단결하라!' 지금부터 41년 전 프롤레타리아 계급이 맨 처음으로 자기 자신의 요구를 들고 나섰던 파리 혁명의 전야에 우리가 이 말을 전 세계에 외쳤을 때, 아주 적은 목소리만이 이에 호응했다. 그러나 1864년 9월 28일에는 서유럽 대다수 나라의 프롤레타리아들이, 지금 돌이켜보면 영광스러운 국제 노동자 협회를 위해 단결했다. 물론 이 인터내셔널 자체는 겨우 9년밖에 존속하지 못했다.

그러나 인터내셔널이 기초를 닦아놓은 전 세계 프롤레타리아 계급의 영원한 동맹은 아직도 살아 있으며 그 어느 때보다도 견고해졌는데, 이 점을 오늘날보다 더 잘 증명해주는 것은 없다. 왜냐하면 내가 이 글을 쓰고 있는 오늘날 서유럽과 미국의 프롤레타리아 계급은 하나의 당면 목표를 위해, 하나의 깃발 아래, 하나의 군대로서 처음 동원된 자신들의 전투력을 점검하고 있기 때문이다. 그 목표란 이미 1866년 인터내셔널 제네바 대회에서 처음으로 선언되었고 1889년 파리 노동자 대회에서 다시 선언된 것으로서, 1일 표준 8시간 노동을 법적으로 명문화하는 일이다. 오늘날의 이 광경은 전 세계의 자본가와 지주들로 하여금 전 세계 프롤레타리아들이 실제로 단결되어 있다는 사실에 눈을 뜨게 할 것이다.

마르크스가 지금 내 곁에서 이 광경을 자신의 눈으로 지켜볼 수만 있다면!

프리드리히 엥겔스

1890년 5월 1일, 런던

공산주의

마르크스와 엥겔스가 자본주의 다음에 필연적으로 오게 될 것이라고 분석한 역사 발전 단계로, 공산주의 사회는 생산수단이 공유화되고 계급과 국가가 사라진 사회를 말한다. 사회주의는 공산주의의 전 단계로, 생산수단이 공유화되어 자본가의 착취는 사라지지만 계급과 국가가 완전히 사라지지는 않은 사회다.

'사회주의'라는 말은 산업혁명이 성숙기에 이른 1830년경에 처음 쓰이기 시작했다. 과학 기술의 발전과 높은 생산력으로 역사상 그어느 때보다 풍요로웠지만, 그런 물질적 풍요가 곧 모든 사람의 행복을 의미하는 것은 아니었다. 사회가 물질적으로 풍요로워질수록 그 풍요를 누리는 사람은 소수의 자본가뿐이었고 대부분의 노동자들은 여전히 가난에 시달렸다.

이것은 자본주의 경제 체제가 품고 있는 모순 때문에 필연적으로 일어나는 일이다. 자본주의는 여러 사람의 노동으로 생산된 결과물을 소수의 자본가들이 소유하고 사용하는 구조이기 때문이다.

마르크스와 엥겔스는 자본주의의 근본적인 문제가 생산수단의 사적 소유에 있다고 보았다. 예를 들어 어떤 사람이 청바지 공장에 고용돼 일을 하고 있다고 하자. 그 사람이 열심히 일해서 남들보다 질 좋은 청바지를 많이 만들어냈어도 그 사람은 정해진 임금만 받을 수 있을 뿐, 청바지는 모두 생산수단을 소유한 사장의 것이다. 그 청바지를 그냥 나눠주든, 비싼 값에 팔든, 바다에 던져버리든 그것은 사장 마음인 것이다. 물론 청바지를 팔아서 생긴 이윤도 모두 사장의 것이 된다.

생산수단을 자본가들이 소유하고 있는 한 아무리 생산력이 증가해도 노동자에게는 정당한 몫이 돌아오지 않는다. 자본주의적인 생산은 필요한 만큼 생산하는 것이 아니라 이윤을 얻기 위해 생산하기 때문에 필요하지 않은 생산들이 쌓이게 되고 따라서 경제공황을 피할 수 없다.

하지만 생산수단을 공유화하게 되면 생산수단을 계획적으로 사용할 수 있으므로 필요한 만큼 생산할 수 있고 자원 낭비도 줄일 수 있다. 그리고 소수의 자본가들에게만 부가 집중되는 경제적 불평등에서도 벗어날 수 있다.

　마르크스와 엥겔스는 자본주의가 발전하여 사회의 총생산력이 증대하면 사회주의로 이행하게 되고 결국 자본주의의 문제점이 해결되면서 이상적인 사회로 나아갈 수 있다고 생각했다. 하지만 그 과정은 저절로 이루어지는 것이 아니라 사회주의 혁명을 통해 이룰 수 있다. 자신이 소유하고 있는 생산수단을 그냥 양보하지 않을 것이기 때문에 노동자계급은 자본가계급과 대결해 승리해야만 한다.

　마르크스와 엥겔스는 사회주의가 승리하면 노동자들이 생산수단을 갖게 될 것이며, 나아가 소수의 지배계급을 위해 존재하던 국가가 사라질 것이라고 했다. 그래서 사람들은 국가와 계급 없는 평등한 사회인 공산주의 사회에서 살 수 있게 된다는 것이다.

부르주아와 프롤레타리아

　'부르주아'는 자본주의 사회에서 생산수단을 소유한 '자본가'를, '프롤레타리아'는 자본가에게 고용되어 임금을 받고 일하는 '노동자'를 말한다. 그리고 '부르주아지'는 부르주아 집단 즉, '부르주아 계급'을, '프롤레타리아트'는 '프롤레타리아 계급'을 뜻하는 말이다.

부르주아는 본래 현대 자본가계급을 가리키는 말이 아니었고, 중세부터 도시에 거주하던 변호사, 법률가, 의사 등 농노도 귀족도 아닌 제3신분의 전문직 종사자를 뜻했다. 제3신분이라고 한 것은 민중과는 달리 재산과 학식이 있지만 기득권층의 권력을 갖고 있지 못했기 때문이다.

부르주아지는 자신들을 얽어매고 있던 중세의 낡은 제도들을 오랜 투쟁 과정을 통해 바꾸었으며, 유럽 시민혁명으로 기득권층(성직자, 왕족, 귀족)이 몰락한 이후에는 자본가라는 이름으로 산업혁명 시대의 지배계급이 되었다.

프롤레타리아는 임금노동자를 지칭하기 위해 마르크스가 1840년대에 사용한 개념이다. 마르크스는 자본주의 사회의 계급을 부르주아지와 프롤레타리아트로 구분했다. 부르주아지는 생산수단과 자본을 소유하고 있으므로 노동력을 투입시켜 상품을 만들어 팔아 자본을 축적하는 반면, 프롤레타리아트는 생산수단이 없으므로 자신과 가족의 생존을 위해 자본가에게 고용되어 노동력을 판매하고 그 대가로 임금을 받아 살아간다.

마르크스에 따르면 이윤을 위해 상품을 생산하는 자본주의 사회에서 노동자는 상품을 생산하는 데 들인 노동력보다 훨씬 적은 임금

을 받게 되는데, 따라서 자본가와 노동자 사이에는 착취 관계가 성
립한다.

길드

길드는 중세도시가 성립·발전하는 과정에서 중요한 역할을 한
상공업자의 동업자 조합이다. 서유럽의 도시에서 발달하여 11세기
에서 12세기에는 중세 영주의 권력에 대항하면서 도시의 정치적·
경제적 실권을 쥐었으나, 근대 산업의 발달과 함께 16세기 이후에
쇠퇴했다.

중세 시대 유럽의 농토는 '장원'으로 나뉘어 있었다. 장원은 한 개
의 촌락과 그곳 사람들이 일하는 주변 경작지로 구성되었다. 경작지
변두리에는 보통 목초지·황무지·삼림·방목지가 있었다. 장원은
매우 폐쇄적인 공간이었으며, 농노들은 토지와 그곳을 다스리는 영
주에게 예속돼 있었다.

상인들은 장원을 지나거나 그곳에서 물건을 팔 때마다 영주에게
온갖 세금을 내야 했다. 상업이 발달하고 먼 거리에 있는 지역 사이
의 거래가 늘어나면서 상인들의 이동도 활발해졌는데, 상인들은 자

유로운 상거래를 보장받고 영주에게서 자신들의 이익을 지키기 위해 동업자 조합인 길드를 조직했다.

길드는 지역의 비조합원이 길드의 영역을 침범하지 못하게 하는 한편 자신들이 거래하는 지방에 다른 지역 상인들이 끼어들지 못하게 했다. 그리고 상품의 가격은 길드가 결정했다. 길드는 독점을 통해 시장을 지배했으며, 상업을 독점하기 위해 당국과 유착하기도 하고 상인들이 거주하는 도시에까지 자신의 영향력을 행사하려는 영주의 권력에 대항하여 자치권을 획득하기도 했다.

길드는 조합원 각자가 지켜야 하는 수많은 규칙으로 조직을 유지했는데, 길드 조합원에게는 일정한 이익이 있었지만 조합의 규칙을 엄격히 지켜야만 조합원으로 남을 수 있었다.

상업의 확대와 힘을 가진 상인들의 등장은 토지가 아닌 새로운 종류의 부(화폐 재산)가 출현했음을 알리는 것이었다.

매뉴팩처

물건 하나를 만들기 위한 모든 과정을 한 사람이 맡아서 했던 수공업에서 기계제 대공업으로 넘어가는 중간 단계의 생산방식으로,

'공장제 수공업'이라고도 한다.

간단하게 얘기하면, 매뉴팩처는 자본가가 수공업자들을 고용해서 한 작업장에서 일하도록 하는 방식이다. 이때 수공업자들은 그 자본가에게 고용되어 임금을 받는다. 따라서 자본가와 노동자의 구분이 명확해졌지만, 아직 기계가 등장하지 않았기 때문에 여전히 손과 도구로 작업하는 수공업이 이루어졌던 것이다. 매뉴팩처는 16세기 중엽부터 산업혁명 때까지 서구 자본주의 사회의 주된 생산방식이었다.

마차의 예를 들면, 매뉴팩처 방식으로 물건을 생산하기 전에는 수레바퀴 제조공, 마구 제조공, 재봉공, 자물쇠공, 가구공 등 독립적인 수공업자들이 자신의 작업장에서 물건을 만든 후에 그것을 결합해서 마차를 만들었다. 매뉴팩처는 자본가가 이 모든 과정에 필요한 수공업자들에게 임금을 주고 그들을 고용하여 한 작업장 안에서 일하게 하는 것이다.

바늘 매뉴팩처의 예를 들면, 처음엔 혼자서 바늘이라는 완성품을 만들었던 수공업자들이 자본가에게 고용되어 한 작업장에 모여서 각자 바늘을 만든다. 그러다가 점차 철사 자르는 사람, 바늘귀 만드는 사람, 바늘 끝을 뾰족하게 만드는 사람으로 나뉘게 되어 그 일만을 하게 되는 것이다.

이런 방식은 여러 곳에 있던 수공업자들을 한곳에 모음으로써 시간 낭비를 막을 수 있다는 장점이 있다. 그리고 일의 숙련도가 높아져 같은 시간 안에 더 많은 물건을 생산할 수 있고, 각 과정에 필요한 다양한 도구들도 발달하게 된다.

하지만 한 가지 일만 반복해서 하기 때문에 개인의 능력과 소질을 억압당하게 되고, 또 각자의 부분 작업에만 숙달되므로 독립적으로 완성품을 만들어낼 능력은 잃게 된다. 이것이 반복되면 노동자들은 결국 매뉴팩처에서 일할 수밖에 없는 상황에 처하게 되는 것이다.

자본

보통 많은 양의 화폐나 토지, 공장과 같이 생산의 바탕이 되는 생산수단을 이르는 말이지만 여러 의미로 쓰이기 때문에 한마디로 정의하기 어렵다. 마르크스의 『자본론』에 따르면 모든 화폐가 자본이 되는 것은 아니고, 더 많은 화폐를 얻기 위한 목적으로 유통될 때 그것을 '자본'이라고 한다.

코뮌

코뮌은 평화를 서약한 주민의 공동체로, 12세기에 북프랑스를 중심으로 성립된 도시 자치단체다. 사회 혼란이나 영주권의 남용에 대해서 안정을 도모하기 위해 주민이 서로 도울 것을 맹세하고 단결하여 왕이나 영주에게 특별히 사회단체로 인정을 받은 것이다. 서약을 깬 사람은 집을 파괴당하거나 추방당했다. 코뮌은 보통 시장이나 기타의 임원을 선출하여 자치행정을 하고 재판권도 가지고 있었다.

착취

하위 계급의 노동으로 만들어진 생산물을 상위 계급이 정당한 대가를 지불하지 않고 취득하는 것을 말한다. 인간을 노예로 부리며 착취하는 체계는 고대 세계에도 존재했으며, 중세의 농노제, 신대륙의 강제 노동, 나치의 강제수용소 등을 노예적 착취의 예로 들 수 있다.

고대 노예제 사회에서는 신분 구속과 강제 노동을 통해 노예를 착취했다. 하지만 마르크스는 그런 의무가 규정되지 않은 사회에서도 노동 생산물에 정당한 대가가 지불되지 않는 착취가 일어날 수 있다고 했다. 자본주의 사회에서는 신분의 자유와 임금노동을 바탕으로 노동자를 착취한다.

자본가는 생산설비와 재료를 구입하고 노동자를 고용하여 임금을 준다. 자본가는 이윤을 얻기 위해 노동자에게 주는 임금보다 더 많은 일을 시키거나 일한 것보다 더 적은 임금을 주는데, 이런 식으로 생산수단을 갖지 않은 노동자에게서 그 노동의 성과를 무상으로 취득한다. 노동자는 자신이 아니라 자본가에게 이익을 주기 위해 추가 노동을 하게 되는 것이다.

공황

공황이란 생산과 소비의 균형이 깨져 산업이 침체하고 금융 상태가 좋지 않으며 파산이 속출하는 상태가 지속되는 경제 혼란 현상을 말한다.

모든 시대에 공황이 있었지만 자본주의가 성장하기 전에 일어난 공황과 그 후에 일어난 공황에는 차이가 있다. 18세기 전에는 흉작이나 전쟁 같은 비정상적인 사건 때문에 공황이 일어났다. 이런 공황의 특징은 식량과 생활필수품이 부족해서 물가가 오르는 것이었다. 하지만 자본주의와 함께 발생한 공황은 모든 것이 너무나 많기 때문에 일어나는데 실업, 이윤 감소, 생산과 유통의 둔화가 그 특징이다.

티셔츠 공장의 예를 들어보자. 공장의 사장은 돈을 벌기 위해 티셔츠를 만들어서 팔기로 한다. 그래서 공장을 짓고, 옷을 만들 수 있는 기계를 들여놓고, 옷감을 구입한다. 그리고 노동자를 고용해 옷을 만들게 한다. 고용된 노동자들은 일을 한 대가로 임금을 받는다. 사장은 노동자에게 임금을 주고 그 대신 노동력을 마음대로 사용할 수 있는 권리를 얻는 것이다. 따라서 사장은 이윤을 얻기 위해 노동자가 받는 임금보다 더 많은 시간 동안 일을 시키게 된다(착취).

상품 하나를 생산할 때에도 아주 많은 사람들의 손을 거치고, 이러한 분업을 바탕으로 생산력도 높아지지만 그것에서 생긴 이윤은 자본가의 몫이다. 노동자는 생계를 유지하고 최소한의 문화생활을 할 수 있을 만큼의 임금을 받을 뿐이다.

티셔츠를 만들어 파는 사람이 아주 많기 때문에 자기 공장에서 만드는 티셔츠를 더 많이 팔아 이윤을 내기 위해서는 다른 공장들과 경쟁을 해야 한다. 따라서 사장은 새롭게 얻은 이윤을 더 좋은 기계와 더 좋은 옷감을 사는 데 쓸 수밖에 없다. 자신이 가지고 있는 전체 자본 중에서 생산수단(기계와 옷감)에 전보다 더 많은 자본을 들였기 때문에 사장이 전보다 많은 이윤을 얻기 위해서는 일하는 사람의 임금을 깎거나 전보다 더 많은 일을 시켜야 한다. 그리고 만약 전에 있던 기계에서 티셔츠를 만들 때는 10명이 필요했는데 새로 바꾼 기계로는 7명으로도 충분하다면 나머지 세 명은 그 공장에서 일을 할 수가 없게 된다.

생산수단의 발달로 더 많은 상품이 쏟아져 나온다. 하지만 노동자의 임금은 줄어들고 실직자도 늘어나게 되어 소비자이기도 한 노동자는 그 상품들을 살 수 없다. 상품을 만들어도 팔리지 않으므로 생산은 둔화된다. 생산을 하지 않으면 노동자들은 할 일이 없게 되어 실업 상태에 놓인다. 실직한 노동자들은 더 이상 소비할 여력이 없으므로 이미 만들어놓은 물건들만 쌓여가고, 생산도 더 이상 일어나지 않는 악순환이 계속된다.

자본주의 경제 체제는 이러한 내부 모순 때문에 언제든 불황이 닥칠 수밖에 없다. 생산수단이 넘치고 거기에서 만들어진 상품이 넘치고 일하고 싶은 사람도 넘치지만 그것을 소비할 수 없어 경제 상황이 혼란스럽게 되는 것, 이것이 자본주의 체제 안에서 일어나는 공황이다.

소부르주아(프티 부르주아, 소시민)

부르주아 계급과 프롤레타리아 계급의 중간에 있으며 부르주아적 의식이 있는 사람들을 가리킨다. 중세 봉건사회에서 근대 사회로 이행하는 시기에 일정한 사회층으로 성장한 자유롭고 독립된 수공업자와 독립 자영농민들이 여기에 속한다.

이들은 봉건사회의 규제에 대항하면서 상품 경제의 전개를 담당하고 정치의 근대화를 추진함으로써 근대사회 성립에 중요한 역할을 했다. 그 후 근대사회가 전개되는 과정에서 상층인 부르주아로 상승하거나, 하층인 프롤레타리아로 전락했다.

이들은 자신의 경제적 성격 때문에 프롤레타리아적 행동 양식을 철저히 취할 수가 없고, 극단적인 경우에는 입신출세주의나 이기주의를 낳아 근대사회의 반체제적 운동에 무관심하거나 그것에 반발하기도 하고, 또 분열의 계기를 만드는 경향이 있기 때문에 비난을 받기도 한다.

'위험한 계급'(룸펜프롤레타리아트)

자본주의 사회의 최하층 프롤레타리아트로, 거의 일을 하지 않고

취업할 의사도 없으며 일정한 거주지도 없이 그날그날 먹고사는 사람들을 말한다. 때때로 권력을 멋대로 행사하려는 정치가가 이들에게 돈이나 음식을 주고 반동적 운동에 동원하여 사회를 혼란스럽게 만들기도 한다.

누진소득세

소득이 많을수록 높은 세율을 적용하도록 정한 세금이다. 누진소득세는 경제력 격차 때문에 생기는 불평등을 보정하기 위한 것으로 고소득자에게는 높은 세금을, 저소득자에게는 낮은 세금을 거두자는 의도에서 실시되었다. 2차 세계대전 후 거의 모든 나라에서 경제력의 불평등과 소득 간 불평등이 문제가 되었고 이에 따라 소득재분배가 주요 문제로 제기됐다. 이때 소득재분배의 효과적인 수단으로 작용한 것이 누진세율의 적용이었다.

'팔랑스테르'와 '작은 이카리아'

'팔랑스테르'는 프랑스의 공상적 사회주의자 푸리에(1772~1837)가 자본주의 체제를 비판하면서 계획한 이상적인 공동체 모델이다. 푸리에는, 인간은 1,600명에서 1,800명으로 구성된 작은 공동체를 이루고 살아야 한다고 주장했다.

푸리에가 구상한 공동체인 '팔랑주'에서는 공동체가 가족을 대체하며, 혈족 관계나 지배 · 피지배 관계가 존재하지 않는다. 공동체에 필요한 것을 조달하기 위해 약간의 세금을 내지만 통치 기구의 권한은 최소한으로 엄격하게 제한된다. 중요한 일이 있을 때는 구성원들이 마을 중앙 광장에 모여 함께 결정한다. 그리고 공동체 구성원은 '팔랑스테르'라는 주택 단지에 모여 산다. 이 공동체 안에서는 자신에게 맞지 않는 일을 강제로 하지 않아도 되고 자신의 기질과 기호에 맞는 일을 할 수 있다.

'작은 이카리아'는 프랑스의 공상적 사회주의자인 에티엔 카베가 계획한 이상향이다.

크라쿠프 봉기

1846년 2월 폴란드 각지에서 폴란드인의 민족 해방을 목표로 하는 반란이 준비되고 있었다. 반란의 주모자들은 대개 폴란드의 혁명적 민주주의자들이었다. 하지만 하층 귀족 일부가 배반하고 반란 지도자가 프로이센 경찰에 체포됨에 따라 전면적 봉기는 실패로 돌아가고 곳곳에서 분산적인 소요가 일어나는 것으로 그쳤다.

다만 1815년 이래 오스트리아·러시아·프로이센이 공동으로 관리하던 크라쿠프 공화국에서는 2월 22일의 폭동이 성공한 뒤에 민족 정부가 세워졌으며, 이 정부는 봉건적 부과조賦課租를 폐지한다고 선언했다. 이와 동시에 갈리치에서 우크라이나 농부들이 봉기했다. 그러나 오스트리아 정부는 하층 귀족과 농민 사이의 계급 대립과 민족 대립을 이용해 때때로 하층 귀족 반란군과 폭동을 일으킨 농민들이 서로 충돌하게 만드는 데 성공했다.

크라쿠프 봉기는 1846년 3월 초에 진압되었으며, 그 뒤 오스트리아 정부는 갈리치의 농민운동을 탄압했다. 1846년 11월 오스트리아, 프로이센, 러시아는 크라쿠프를 오스트리아에 합병하는 조약을 체결했다.

2월 혁명

1848년 2월에 프랑스의 중소 부르주아 계급과 노동자계급이 선거권 확대와 공화정 수립을 요구하며 일으킨 혁명이다. 2월 혁명 결과, 프랑스에서는 공화주의자와 사회주의자로 이루어진 임시정부가 세워졌으며 보통선거제에 의한 제2공화국이 세워졌다.

파리코뮌

1871년 3월, 독일군이 파리를 포위한 가운데 일어난 19세기 최대의 노동자계급 혁명이다. 파리코뮌은 70일 남짓 계속되다가 결국 티에르가 이끄는 정부군에게 진압되었으나, 그 뒤 세계 각국의 혁명가들이 자기 나라의 혁명 수행을 위해 연구 모델로 삼았을 정도로 세계사적인 의의를 지닌 혁명이었다.

마르크스는 코뮌을 평하여 이렇게 말했다. "그것은 본질적으로 프롤레타리아 정부였다. 그것은 착취계급에 저항한 생산계급의 투쟁의 결과이며, 노동자의 경제적 해방을 이룩할 수 있는 새로 발견된 정치 형태였다."(『프랑스 내란』) 엥겔스 또한 "코뮌은 전 유럽 노동자들에게 사회혁명의 문제를 근본적으로 해결할 열쇠를 준 것"(『프랑스 내란』 서문)이라고 그 의의를 높이 평가했다.

부록

....
.
.
.
.
.
.
.
....

마르크스와 엥겔스의 생애

혁명을 꿈꾼 청년, 마르크스

카를 마르크스는 1818년 5월 5일 프로이센(현재 독일) 트리어 시에서 태어났다.

트리어는 나폴레옹전쟁(1797~1815) 시기에 프랑스에 합병되었는데, 이때 시민들은 언론의 자유, 헌법적 자유, 종교적 관용과 같은 자유를 접하게 되었다. 마르크스가 태어나기 3년 전인 1815년에 다시 프로이센 제국에 통합됐지만, 트리어는 당시 프로이센에서 정치·경제적으로 가장 발전한 곳이었으며 프랑스대혁명의 영향과 이른 산업화로 다른 지역과는 다르게 자유주의적인 분위기였다.

마르크스의 아버지 하인리히는 유대인이었으나, 마르크스가 태어났을 때는 유대인에 대한 불이익을 피하기 위해 이미 루터파 기독교로 개종한 상태였다.

1830년 12살의 마르크스는 트리어에 있는 프리드리히 빌헬름 김나지움에 입학해 라틴어, 그리스어, 역사, 철학 등을 배웠다. 마르크스의 아버지는 마르크스에게 법학 공부를 시켜 중간계급의 삶을 물려주려 했다. 하지만 「직업 선택을 앞둔 젊은이의 사색」이라는 고등학교 졸업 에세이에서 "온 힘을 기울여 만인을 위해 가장 헌신적으로 활동할 수 있는 일을 선택한다면, 어떤 시련도 우리를 굴복시킬 수는 없을 것이다"라고 고백한 마르크스가 아버지의 뒤를 이을 리는 없었다.

1835년 마르크스는 아버지의 뜻에 따라 본대학 법학부에 입학해 법률학을 전공으로 택했으나 법학보다는 문학에 관심을 가졌다. 그리고 불온사상 혐의를 받은 시인 클럽에서 활동했으며, '가능하면

자주, 시끄럽게 술에 취하자'는 것이 목적이었던 '트리어 선술집 클럽'의 회장이 되어 친구들과 몰려다니며 술을 마시다가 패싸움과 결투를 벌이기도 했다.

이런 아들이 걱정됐던 마르크스의 아버지는 마르크스를 다른 대학으로 보내기로 결정했고, 본대학에 다닌 지 1년 만에 베를린대학으로 전학시켰다. 마르크스는 아버지의 뜻에 따라 우선 법학부에 등록했지만 점점 더 역사와 철학에 빠져들었고, 1837년 4월부터는 본격적으로 헤겔을 연구하기 시작했다. 그는 칸트, 피히테, 셸링, 헤겔, 스피노자, 흄, 라이프니츠를 연구하는 한편, '이념 속에서 현실'을 찾겠다는 플라톤을 비판하며 '현실 속에서 이념'을 찾고자 했다.

마르크스의 철학 형성에 가장 결정적인 영향을 미친 것은 바로 '청년헤겔학파'와의 만남이었다. 그는 친구 루텐베르크의 소개로, 베를린 히펠 카페에서 정기적으로 만나서 토론하는 청년헤겔학파의 모임인 '박사 클럽'에 가입했다.

그들은 프로이센이 근본적으로 진보적인 국가라고 확신했으나 기대했던 자유화가 이루어지지 않자 점차 급진적인 생각을 품게 되었다. 그리고 헤겔 철학에서 국가 이념을 강조하는 부분을 평가절하하는 대신 '변증법'을 사회 변혁의 원리로 해석했다. 이곳에서 마르크스는 그에게 큰 영향을 준 역사학자이며 종교학자인 카를 프리드리히 쾨펜과 신학자 부르노 바우어를 만나기도 했다.

마르크스는 박사 학위를 받는 과정에서 당대 철학의 정점에 오르게 된다. 그의 연구 대상은 에피쿠로스 학파, 스토아 학파, 회의론 사상 등이었다. 이런 관심의 결과물은 「데모크리토스 자연철학과 에피쿠로스 자연철학의 차이」라는 박사 학위 논문이었다. 그는 이 연구를 청년헤겔학파의 관점, 즉 전체 체계는 그 안에 해체의 싹을 품고 있다는 관점에서 다루었다.

하지만 1841년 4월 마르크스가 박사 학위를 받은 곳은 베를린대학이 아닌 예나대학이었다. 1840년 프리드리히 빌헬름 4세가 왕위에 오르면서 반대자들을 박해하고 모든 출판물을 엄격히 검열함으로써 학문의 자유를 억압했기 때문이다. 마르크스는 베를린대학에서는 논문이 통과될 수 없다는 것을 잘 알고 있었으므로 예나대학에 논문을 제출했던 것이다.

학위를 받은 뒤에 강단에 설 수 있게 될 것이라 여겼던 마르크스의 예상도 빗나가고 말았다. 사회 현실에 비판적이던 청년헤겔학파에 대한 정부의 탄압으로, 본대학에 자리를 잡은 뒤 마르크스를 데려가기로 했던 브루노 바우어가 교수직을 박탈당했기 때문이었다.

이로 인해 마르크스는 학자의 길을 포기하고 사회 변혁을 추구하는 혁명가의 길을 선택하게 된다.

강단에 서는 것이 어렵게 된 마르크스가 선택한 곳은 바로 언론이었다. 마르크스는 1842년 모제스 헤스, 게오르크 융 그리고 다른 청년헤겔학파들과 공동으로 작업하여 『라인신문』을 창간하고 편집장이 되었다.

삼림 도벌법, 출판의 자유, 포도 재배 농민들의 열악한 상태 등 현실의 문제들을 다루는 기사를 쓰면서 마르크스의 관심은 정치와 사상에서 경제로 옮겨갔다. 그러나 프로이센의 검열이 점점 심해지면서 1843년 편집장 자리에서 쫓겨나고 신문마저 폐간되었다.

마르크스는 1843년 6월 약혼녀였던 예니와 결혼하고 11월에는 파리로 망명했다. 이곳에서 하이네와 알게 되었으며 독일 혁명, 나아가 유럽 혁명을 꿈꿨다. 박사클럽의 동료 루게와 함께 1844년 『독일-프랑스 연보』를 발간하여, 프롤레타리아 계급이 새로운 혁명의 주역이라고 주장하며, 이를 뒷받침하기 위해 정치경제학 연구를 시작했다. 하지만 『독일-프랑스 연보』는 딱 한 번밖에 발행되지 못했다.

그리고 『독일-프랑스 연보』와 사회주의 성향의 기관지인 『앞으로!』에 기고한 글들을 문제 삼은 프로이센 정부의 요청으로 마르크스는 파리에서 추방당해 1845년 2월 브뤼셀로 가게 된다.

엥겔스, 계급의 차이를 느끼다

프리드리히 엥겔스는 1820년 11월 28일 프로이센의 바르멘에서 태어났다. 엥겔스와 이름이 같은 아버지 프리드리히 엥겔스는 방직 공장의 사장이었다. 열성적인 기독교 신자이며 보수적인 성향을 지녔던 엥겔스의 아버지는 엄격한 부르주아적 행동규범과 정통 신앙 아래에서 자식들을 키우려고 했다. 그러나 엥겔스는 아버지에게 복종하지 않고 역사, 철학, 문학 등을 공부했다. 그리고 돈보다는 세상을 인간답게 바꾸는 일에 더 관심이 많았던 엥겔스는 사회를 비판하는 글들을 기고하기도 했다.

1842년 22살의 엥겔스는 맨체스터에 있는 아버지의 회사를 경영하기 위해 영국으로 떠났다. 겉으로는 아버지의 뜻에 따라 회사를 상속받기 위한 훈련을 받는 것처럼 보였지만 그는 이 기회를 이용해 자본주의가 인간에게 미치는 영향을 연구했다. 맨체스터는 곡물법 반대 동맹의 탄생지였고, 1842년 총파업의 중심이었으며 차티스트를 비롯한 온갖 선동가들이 들끓는 곳이었다. 이곳에서 산업자본주의의 실상을 목격한 엥겔스는 정치경제학을 연구하기 시작했다.

첫 만남

서로를 완벽하게 보완해주는 동료이자 훌륭한 벗이었던 마르크스와 엥겔스가 처음 만난 것은 사실 1842년 11월 『라인신문』 사무소에 엥겔스가 방문했을 때였다. 하지만 당시 두 사람은 한 번 인사를 나눴을 뿐 서로 냉담했고 특별히 기억할 만한 일도 없었다.

마르크스가 엥겔스에게 관심을 갖게 된 것은 엥겔스가 『독일-프랑스 연보』에 보낸 토머스 칼라일의 『과거와 현재』에 대한 서평과 『정치경제학 비판』 때문이었다. 마르크스는 『정치경제학 비판』을 천재의 작품이라고 극찬했다. 당시 엥겔스 또한 마르크스의 글들을 읽고 그에게 호감을 가지고 있었다.

두 사람이 제대로 만난 것은 1844년 8월 파리에서였는데 당시 마르크스는 26살, 엥겔스는 24살이었다. 엥겔스는 영국 랭커셔에 있는 집안의 공장을 방문한 뒤 독일로 돌아가는 길이었다. 파리에서 만난 그들은 레장스 카페에서 오랫동안 깊은 대화를 나눴다. 그리고 독일 혁명을 위해서는 프롤레타리아 계급에 주목해야 한다고 하는 마르크스와, 영국 프롤레타리아 계급의 실상을 접한 엥겔스는 자신들의 생각이 하나라는 것을 확인했다.

이 만남을 계기로 두 사람은 공동 활동을 시작하게 됐으며, 엥겔스가 가난한 마르크스를 후원하게 된 것도 이때부터였다.

두 사람의 공동 활동

마르크스와 엥겔스는 『신성가족 또는 비판적 비판론의 비판: 브루노 바우어와 그 동료들에 반대하여』라는 공동 저작을 시작으로 당시 프롤레타리아 사회주의를 반대하는 청년헤겔학파에 맞서기 위해 『독일 이데올로기』라는 책을 함께 집필했다.

마르크스와 엥겔스는 공산주의 사상가인 바이틀링이 주도하던 독일 망명가들의 비밀 조직인 '의인동맹'에 들어갔으며, 1847년에는 이 조직을 '공산주의자 동맹'이라는 공개된 혁명 조직으로 바꿨다.

엥겔스는 새 조직의 강령으로 『공산주의의 원칙』을 작성했는데, 마르크스는 문답형식으로 된 이 문서를 선동적인 성격으로 바꾸고 싶어 했다.

마르크스와 엥겔스는 역사 및 사회이론의 토대 위에 당 강령을 서술하라는 임무를 받는다. 하지만 엥겔스가 정치적 임무로 프랑스에 가야 했기 때문에, 최종 문안은 마르크스가 작성하게 되었다. 그리고 1848년 1월, 파리와 유럽의 다른 주요 도시들에서 혁명이 일어나기 직전 『공산당 선언』이 완성되었다. 후에 레닌이 "마르크스와 엥겔스의 전집과도 맞먹는다"고 평가했을 만큼 이 책은 그들의 모든 사상을 응축해놓았다고 할 수 있다. 하지만 출간 당시 『공산당 선언』은 큰 주목을 받지 못했다.

그해 2월 프랑스에서 혁명이 일어났다. 1830년 7월 혁명으로 루이 필리프는 부르주아들의 지지를 받아 입헌 군주에 즉위했다. 하지만 7월 혁명은 모든 시민의 혁명이 아니라 상층 부르주아들만을 위한 혁명이었으며, 입헌 군주제는 소수의 부유한 계층을 위한 권력 체제였다. 따라서 강력한 자유주의를 요구하는 대다수 시민들의 불만은 커져갔고 1840년대 이후 불경기의 여파로 시민들의 삶은 더욱 궁핍해졌다.

이에 1848년 2월, 정치개혁과 참정권 확대를 요구하는 대규모 시위가 벌어졌으며 시민들은 결국 루이 필리프를 몰아내고 공화정을 선포했다. 하지만 공화정권이 선출한 나폴레옹 1세의 조카인 루이 나폴레옹이 곧 제정帝政을 선포함으로써 혁명은 실패로 끝나고 말았다. 비록 프랑스의 2월 혁명은 실패로 끝났지만 이 혁명의 불길은 오스트리아, 헝가리, 이탈리아 등으로 번져 나갔다.

1848년 프랑스를 비롯한 유럽 각국에서 공화정을 세우려는 혁명이 일어나자 마르크스는 독일로 돌아가 엥겔스와 함께 『신라인신문』을 발간했다. 마르크스는 편집장으로 활동했고, 엥겔스는 군사 봉기에까지 직접 참여하며 활발히 활동했다.

이 신문을 통해 마르크스는 혁명의 흐름에 영향을 주려 했지만, 혁명은 독일 전역에서 반동 세력에 의해 좌초되었다. 결국 마르크스는 반란을 선동했다는 죄로 1849년 5월 독일에서 추방당한다. 마르크스는 1849년 5월 온통 빨간색으로 인쇄된 『신라인신문』의 마지막 호를 낸 뒤 '무국적자'가 되어 당시 유럽에서 정치적 망명의 중심지였던 영국으로 이주했다.

사회 변화를 추구하는 이들에게 1850년대는 시련의 시기였다. 1848년 2월 혁명 후 시대의 흐름을 거스르는 수구 반동적인 분위기가 확산되었기 때문이다. 하지만 마르크스와 엥겔스는 혁명이 잠시 주춤할 뿐이며 곧 유럽 전역에서 혁명이 다시 피어오를 것이라고 생각했다.

마르크스는 영국에서 언론 · 정치 · 학문 활동을 하며 자신이 겪은 당시의 혁명을 연구하여 『프랑스 계급투쟁 1848~1850』과 『루이 보나파르트의 브뤼메르 18일』을 집필했다. 그리고 『뉴욕 데일리 트리뷴』의 유럽 통신원으로서 국내 정치 및 외교에 관한 분석 논평을 썼으며, 자본주의를 치밀하게 분석하기 위해 영국 대영박물관을 드나들며 경제학 연구에 몰두했다.

후기 마르크스의 정치적 언론 활동은 국제 노동자 운동에 집중된다. 마르크스는 영국에서 열리는 국제 노동자 대회에 독일 대표로 참석했다. 국제 노동자 운동은 1852년 '공산주의자 동맹'이 해체되고 1864년 '국제 노동자 협회' 즉, 제1인터내셔널이 설립됨으로써 전혀 새로운 토대 위에 서게 되었다.

마르크스는 이때 창립 총회에서 개막 연설을 하는 등, 제1인터내셔널을 위해 활발히 활동했다. 그밖에도 연합의 정관을 작성했는데, 그것은 노동자계급이 전개하는 해방 투쟁의 근본 원리를 담은 것이었다. 그리고 1871년 프랑스 노동자들이 봉기하여 파리코뮌을 선포하자 마르크스는 파리코뮌을 지지하는 글을 쓰기도 했다.

제1인터내셔널의 평의회가 런던에 있었기 때문에 마르크스와 엥겔스는 상당한 영향을 미칠 수 있었다. 그럼에도 마르크스는 점점 더 연합 내의 격렬한 이데올로기 논쟁에 휘말릴 수밖에 없었다. 특히 노동자의 해방이 단 한 번의 혁명으로 이루어질 수 있다고 믿었던 무정부주의자 미하일 바쿠닌과 혁명의 실행 과정에 대한 의견 차이로 격렬하게 대립했다.

결국 바쿠닌파의 분파 활동으로 조직 내의 갈등이 심화되고 파리코뮌의 와해로 탄압이 강화되자 더 이상 조직을 유지하기 어렵게 된 제1인터내셔널은 1879년에 해체되고 말았다.

마르크스는 런던에서 보내는 망명 기간의 대부분을 정치경제학 연구에 쏟아부었다. 그는 현대 사회의 경제적 운동 법칙을 밝혀내기 위해 엄청난 자료들을 연구하고 분석했는데, 이 과정에서『정치경제학 비판』『정치경제학 비판 요강』『자본론』등 수많은 원고들이 탄생하게 된다.

1882년 아내 예니 마르크스가 숨을 거두었다. 예니의 죽음은 마르크스에게 큰 충격을 주었고, 결국 아내가 사망한 다음 해인 1883년 3월 14일 64세의 나이로 마르크스는 숨을 거두었다. 1883년 3월 17일 마르크스는 런던의 하이게이트 묘지에 묻혔다. 아내와 함께 나란히 누워 있는 그의 묘지 앞에서 엥겔스는 "마르크스의 죽음으로 인류의 키는 머리 하나만큼 작아졌다"며 애도를 표했다.

마르크스가 세상을 떠난 후 엥겔스는 먼저, 마르크스가 원고 형태로 남겨둔 원고들을 모아 『자본론』 2, 3권을 펴내고, 독일 사회민주당을 비롯해 각국의 노동자 정당에 이론적 문제를 조언했다. 그리고 1889년에는 유럽 각국의 노동자 정당들과 연합해 '제2인터내셔널'을 열었다. 그해 엥겔스는 런던에서 최초의 메이데이 집회에 참석했고, 독일 사회민주당의 두 번째 강령인 「에르푸르트 강령」 작성 작업에 참여했다.

1895년 엥겔스는 마르크스의 저작인 『프랑스 계급투쟁 1848~1850』에 유럽의 혁명적 노동운동의 미래에 대한, 유언의 성격을 지닌 자신의 '서문'을 덧붙이고 75세의 나이로 삶을 마쳤다. 엥겔스의 사망 소식을 접한 뒤 레닌은 "이성의 햇불이 타오르기를 멈추었다. 심장이 뛰기를 멈추었다!"라며 그의 죽음을 애도했다.

『공산당 선언』의 역사적 배경

흔히 '이중 혁명'이라 부르는 프랑스혁명과 산업혁명은 마르크스와 엥겔스의 사상이 성립되는 데 큰 영향을 미친 사회현상이라고 할 수 있다. 마르크스와 엥겔스는 프랑스혁명으로부터 피지배계급이 사회를 변화시킬 수 있다는 의식을 갖게 되었으며, 산업혁명으로부터는 자본으로 인해 사회와 인간이 어떻게 변화되었는지 가장 가까운 곳에서 확인했다.

그러므로 혁명의 한가운데에서 쓰여진 『공산당 선언』을 이해하기 위해서는 당시 유럽의 모든 사상에 영향을 미친 프랑스혁명과 산업혁명을 살펴보지 않을 수 없다.

거대한 두 혁명은 당시의 유럽뿐 아니라 전 세계를 변화시켰으며 지금까지도 그 여파는 계속되고 있다. 프롤레타리아는 여전히 존재하고 있으며, 아프리카와 남부 아메리카 등에서는 오랫동안 이어져 온 생활 방식을 지켜나가던 이들의 삶이 자본주의가 들어서면서 크게 흔들리고 있다.

원하든 원하지 않든 우리는 18세기에 이루어진 혁명의 영향으로 만들어진 사회에서 살아가고 있다. 그 혁명이 가장 크게 요동치던 시대를 살았던 마르크스와 엥겔스를 이해하기 위해 먼저 두 혁명을 만나본다.

자유, 평등, 박애 – 프랑스혁명

프랑스혁명(1789~1799)은 당시 프랑스 사회에 굳게 자리 잡고 있던 봉건제도의 모순으로 발생했다.

당시 프랑스의 신분은 3개로 나뉘어 있었다. 제1신분인 성직자와 제2신분인 귀족은 전체 인구의 2% 정도였으며, 부르주아 계급을 포함한 나머지 계층의 사람들인 제3신분이 98%였다. 제1신분인 성직자는 프랑스 전체 토지의 1/10을 소유했으며, 십일조를 징수하는 특권과 면세의 혜택을 누렸다. 제2신분인 귀족 역시 전체 토지의 1/5을 소유하고 있었으며, 교회, 군대, 행정 등의 고위직을 차지하고 면세 혜택을 받았다. 상위 2%가 중요직을 차지한 프랑스에서는 그들이 자신들을 위해 만든 정치가 펼쳐지고 있었던 것이다.

제3신분은 과중한 세금으로 인해 수입의 대부분을 빼앗겼다. 게다가 이들의 대부분은 정상적인 생활을 할 수 없을 만큼 빈곤한 평민들이었다. 그러나 이들에게는 정치에 참여할 수 있는 기회가 없었다. 각 신분 대표들의 모임인 삼부회(성직자, 귀족, 평민의 대표가 모여 중요 의제에 관하여 토론하는 장)가 존재하기는 했으나, 그것은 175년 동안이나 소집된 적이 없었다.

미국 독립전쟁 원조와 왕실의 사치로 당시 프랑의 국가 재정 상태는 거의 파산 직전이었다. 이로 인해 평민들에게 부과되는 세금은 더욱더 과중해져 평민들의 불만은 점점 커져갔다. 평민 계급에 속해 있던 의사, 변호사, 사업가 등의 지식인들은 불평등한 사회를 바로잡고자 하는 사회 개혁의 의지를 비추기 시작했다.

국가의 재정 상태가 심각한 상태에 이르자 정부는 모든 토지 소유자에게 세금을 징수하는 법안을 만들고자 했으나 귀족들의 반대로 실패했다. 이에 국왕이 법안은 국민의 뜻으로 이루어져야 한다며 삼부회를 소집했다.

삼부회 소집은 이전까지 정치에 전혀 영향을 미칠 수 없었던 평민들에게 기대와 희망을 갖게 했다. 그러나 삼부회는 각 신분 대표들의 표결 방식을 둘러싼 견해 차이로 성과를 거두지 못했다.

자신들의 뜻을 펼치지 못한 평민 대표들은 국민의회를 만들어 새로운 헌법을 만들고자 했다. 그러나 국왕이 군대를 불러들여 국민의회를 해산시키려 하자, 1789년 7월 14일 부르주아와 시민들은 하나로 뭉쳐 바스티유 감옥을 습격했다. 이는 노동자계급과 부르주아 계급이 하나의 혁명적인 목표를 이루기 위해 함께 무력을 행사한 최초의 사건이었다. 국민의회는 곧 '봉건적 제도'의 폐지를 선언하고, 자신들의 길을 막는 것들을 모두 파괴했다.

바스티유 감옥의 습격은 순식간에 지방의 농민들에게도 영향을 미쳤다. 그들은 귀족들의 성을 습격하며 반란을 일으켰다. 사태가 심각해지는 것을 우려한 헌법제정의회는 1789년 8월 4일, 봉건적 신분제와 영주제를 폐지했으며 이로써 각종 봉건적 특권 또한 사라졌다.

국민의회는 「인권 선언」을 작성하여 인간은 누구든지 출신 배경에 상관없이 높은 지위를 얻을 수 있다고 선언함으로써 계급 제도를 폐지하려 했다. 「인권 선언」에는 표현의 자유, 언론의 자유, 불법적인 체포나 구금을 당하지 않을 자유 등의 원칙도 담겨 있었다.

많은 대중들의 지지로 힘을 얻게 된 프랑스혁명은 점점 폭력적인 성향으로 바뀌어갔다. 정권 반대파들은 단두대에서 처형당했고, 3만~5만 명에 이르는 사람들이 '국가의 적'이라는 죄목으로 목숨을 잃었다. 루이 16세는 1793년 1월, 국가에 대한 음모죄로 단두대에서 처형되었다.

프랑스혁명은 곧 전 유럽에 영향을 끼쳤다. 1819년에는 스페인에서 잠깐이나마 자유주의 혁명이 일어났고, 1820년에는 이탈리아에서 또 다른 혁명이 일어났다. 1821년 터키에서 독립하기 위한 그리스의 혁명은 널리 찬양받는 대의가 되기도 했다. 러시아는 자유주의파와 귀족파가 왕위 승계에 영향력을 행사하려 한 1852년에 짤막하고 혼란스러운 반란을 겪었다. 프랑스는 1830년 7월에 또 다른 혁명을 치르게 되었는데, 같은 해에 네덜란드에서도 혁명이 발발했다.

구제도의 모순을 타파하고 평민계급이 정치 권력을 장악할 수 있도록 길을 열었던 프랑스혁명은 가장 전형적인 시민혁명으로 평가된다. 이 혁명으로 기존에 굳게 자리 잡고 있던 봉건제도에서 벗어나 자유롭고 평등한 시민사회의 성립이 가능해졌다.

그러나 평민계급의 승리처럼 보였던 이 혁명은, 사실 부르주아 계급의 승리가 되어버렸다. 혁명 이후 부르주아 계급이 정치와 경제를 장악했고, 선거는 제한선거로 유산자만이 선거권을 갖게 되었다. 농민과 노동자들은 다시 일터로 나가야 했으며, 그들은 국왕과 귀족 대신, 부르주아 계급의 지배를 받게 되었다.

생산방식의 자유화 – 산업혁명

산업혁명은 수공업과 공장제 양식이 혼합된 매뉴팩처 단계에 머물러 있던 생산방식을 대규모 공장제 생산방식으로 전환시켜 상품을 대량생산하는 것을 말한다. 그것은 단순히 생산방식의 변화가 아닌 전 세계의 사회생활을 이전과는 전혀 다른 모습으로 바꿔놓은 거대한 변화였다.

이는 곧 유럽, 미국, 러시아 등으로 확대되었으며, 20세기 후반에 이르러서는 동남아시아와 아프리카 및 라틴 아메리카로 계속 확산되었다.

18세기 영국에서 먼저 그 모습을 선보인 산업혁명은 도시와 화폐경제가 발달하면서 싹트기 시작했다. 자본주의의 발달로 인구가 급격히 늘어나 이전과 같은 수공업 방식으로는 거대해진 수요를 감당하기 어려웠다. 늘어난 소비량을 맞추기 위해 새로운 생산방식이 도입되는데, 이것이 바로 기계를 도입한 대규모 공장제였다.

제조업이 발달하면서 도시에 공장들이 들어서자 많은 농촌 인구들이 도시로 이동했다. 그 대표적인 도시는 영국의 맨체스터나 버밍엄, 독일의 뒤셀도르프, 프랑스의 리옹 등이었다. 인구가 급속하게 증가하자 도시는 그들에게 안정적인 환경을 제공해주지 못했으며, 도시로 몰려든 노동자들은 곧 도시의 빈민층으로 전락하였다.

주거 환경조차 보장받지 못한 도시의 노동자들은 더욱 궁핍한 환경에서 일해야만 했다. 일주일에 6일 동안 수천 명의 노동자들이 아침에 쏟아져나와 공장에 들어갔다가 저녁에 나왔다. 노동자들은 최악의 환경에서 하루에 14시간이 넘는 시간 동안 최소한의 생활도 할 수 없을 만큼의 저임금을 받으면서 일했다.

기계의 보급이 가속화되면서 특별한 기술이나 힘이 필요하지 않은 단순한 노동만으로도 물건을 생산할 수 있게 되자 힘과 기술이 있는 많은 남성 노동자들이 일자리를 잃었다. 공장주들이 남성 노동자들의 자리를 더 저렴한 임금으로도 고용할 수 있는 여성과 아이들로 채웠던 것이다.

또한 공장에서 나온 오염물질들은 도시 전체를 오염시켰다. 하늘은 곧 석탄이 타는 검은 연기로 뒤덮였으며, 공장에서 내보내는 폐수로 하수도에는 썩은 물만 흐르게 되었다. 도시는 오물과 악취로 가득했으며 공기 역시 숨쉬기가 힘들 정도로 오염되었다.

오염된 도시에서는 콜레라와 새로운 산업병인 폐결핵이 발병했고, 장시간 노동과 오랜 굶주림 등으로 많은 이들이 죽어나갔다. 어떤 지역에서는 태어난 지 1년이 채 안 된 유아가 3명당 1명 꼴로 사망하기도 했다.

산업혁명 이후 유럽의 생산력은 비약적으로 증가했으며 경제 역시 지속적으로 성장했다. 영국의 산업 자본을 중심으로 세계경제는 선진적이고 자립적인 공업 국가와 이에 종속된 국가로 나뉘게 되었다. 후진 농업국들은 선진 공업국에 원료를 공급하고 그들의 공업제품을 수입하는 형태의 국제 분업 속에 강제로 편입됨으로써 선진 공업국에 더욱 종속되었다. 산업혁명은 단순히 영국 한 나라만이 아니라 전 세계적인 자본주의를 성립시킨 것이다.

산업혁명은 인간이 편리하고 풍요로운 삶을 누릴 수 있게 해주었다. 하지만 편리와 풍요 뒤에는 살인적인 장시간 노동과 저임금으로 고통받는 수많은 노동자들이 있었다. 경제적으로 풍요로워질수록 그 풍요를 누리는 것은 소수의 부르주아뿐이었고 대다수 사람들의 삶은 더 비참해졌으며 노동자들에 대한 착취는 더욱 극심해졌다.

『공산당 선언』 이후의 영향

프랑스 파리 혁명(2월)을 시작으로 오스트리아 빈 혁명(3월), 체코 혁명(3월), 헝가리 혁명(3월), 이탈리아 혁명(3월) 등이 일어났던 1848년은 혁명의 해였다. 보수적이고 구태의연한 통치자들과 무능하고 책임감 없는 정부에 대한 불만이 폭발하여 유럽 대륙 거의 모든 곳에서 혁명의 분위기가 고조되었던 것이다.

하지만 1848년 런던에서 출간된 『공산당 선언』이 당시에 일어난 역사적인 사건들에 직접 영향을 미쳤다고 볼 수는 없다. 오히려 그

무렵의 흉작으로 인한 기근과 산업 공황에 따른 실업이 사람들을 거리로 몰려나오게 하는 데 큰 역할을 했다고 해야 할 것이다. 또한 『공산당 선언』의 탄생지인 영국에서는 유럽 대륙의 여러 나라들과 달리 그해에 별다른 혁명의 움직임이 보이지 않았다.

마르크스는 『공산당 선언』 발표 후 독일 쾰른으로 돌아가 1949년 급진 신문인 『신라인신문』을 창간하여 혁명적 분위기를 북돋웠다. 하지만 유럽 각지의 민중 봉기가 지배세력에 의해 무자비하게 진압당하면서 혁명은 일단락되었다. 그뿐 아니라 마르크스의 선동을 못마땅해 한 당국은 신문을 폐간시키고 마르크스의 가족을 추방했다. 이러한 상황 속에서도 마르크스와 엥겔스는 다시 새로운 혁명이 일어날 것이라는 낙관적인 생각을 갖고 있었다. 그들은 런던에 공산주의자 동맹의 새로운 본부를 설치했으며, 각국 지부에 소속된 동맹원들은 1848~1849년 유럽에서 일어난 혁명에 적극적으로 참가했다.

국제 노동자 협회 결성

1850년이 지나면서 산업 공황이 극복되고 유례없는 번영의 시기가 시작됐다. 그러자 혁명의 폭풍은 점차 가라앉기 시작했다. 마르크스는 공산주의자 동맹 본부를 독일 쾰른으로 옮겨 활동하려고 했으나, 1851~1852년 프로이센 정부가 공산주의자들에 대한 탄압을 강화하여 많은 동맹원들이 체포되었다. 결국 1852년 11월 마르크스의 제의에 따라 공산주의자 동맹은 해체되고 말았다. 그러나 선언문 작성 이전에는 비밀리에 전파되었던 메시지를 공공연하게 세상에 설파하게 되었다는 점은 공산주의자들에게는 물론 세계사에서도 중요한 의미를 갖는다.

새로운 혁명의 움직임이 시작된 것은 공산주의자 동맹 해체 후 10여 년이 지난 1864년이었다. 그해 9월 런던에서는 국제 노동자 협회(제1인터내셔널)를 결성하기 위한 회의가 개최됐다.

이 조직의 활동 가운데 가장 두드러진 업적으로 꼽을 수 있는 것은 1871년 파리코뮌의 수립이다. 파리 시민과 노동자들의 봉기로 수립된 파리코뮌은 『공산당 선언』이 주장하고 인터내셔널이 제창한 국제주의를 표방한 최초의 혁명적 자치정부였다.

당시 파리코뮌에는 교회와 국가의 분리, 모든 교회 재산의 몰수, 학교에서 종교 교육 금지, 채무 이행 연기, 채무에 대한 이자 폐지 등 몇 가지 정책만이 있었으며 불과 72일 동안 업무를 집행했을 뿐이지만, 훗날 레닌은 파리코뮌을 "노동계급이 사회 전체를 노예제도에서 자유롭게 만들고 자기 자신의 정치적·사회적 해방을 확고히 하려는 목적으로 스스로의 힘으로 자신의 권력을 수립한…… 세계 역사상 최초로 벌어진 노동계급의 사회주의 혁명 예행연습이었다"고 평가했다.

파리코뮌이 와해된 후 탄압의 강화와 분파 활동 등으로 조직의 유지가 어렵게 된 인터내셔널은 1872년 이후부터 활동이 정지되었다가 1876년 해산되었다. 그러나 그 와중에도 마르크스주의는 각국에 보급되고 있었으며, 1869년부터 유럽과 미국에서 사회주의 정당이 출현하기 시작했다.

『공산당 선언』의 사상을 계승한 새로운 세대의 급진주의자들은 1889년 7월, 프랑스혁명 100주년 기념일을 맞아 엥겔스의 지도 아래 드디어 제2인터내셔널을 창립한다. 제2인터내셔널은 설립 후 10년 동안 노동운동의 확대에 주도적 역할을 했으며, 마르크스주의는 세계 노동운동의 주류를 점하게 되었다.

그러나 제2인터내셔널은 20세기 독점자본주의시대의 도래와 1914년 1차 세계대전의 발발로 위기를 맞았다. 당시 제2인터내셔널의 공식적인 입장은 전쟁을 반대하는 것이었으나, 러시아 사회민주노동당의 볼셰비키파를 제외한 각국의 노동자 정당들이 반전 결의를 배반하고 자국의 전쟁 수행에 협력함으로써 이 조직은 와해되고 말았다.

러시아 혁명

마르크스와 엥겔스가 기대했던『공산당 선언』의 실질적인 구현은 1917년 레닌과 볼셰비키파가 주도한 러시아 혁명을 통해 이루어졌다. 볼셰비키파는 러시아 사회민주노동당의 우파인 멘셰비키와 결별하고, 11월 혁명에 성공한 이후 러시아 소비에트 사회주의 공화국 연방의 집권당이 되면서 1918년 당명을 러시아공산당으로 바꾸었다.

사회주의혁명의 성공으로 러시아에서는 많은 변화가 일어났다. 남성과 여성이 동등한 대우를 받게 되었으며, 병사들은 장교를 직접 선출할 권리를 갖게 되었고, 노동자위원회는 사업을 관장하는 권한을 갖게 되었다. 러시아 혁명은 러시아뿐 아니라 유럽을 비롯한 자본주의 체제 국가들에도 변화를 가져왔다. 자본주의 체제의 가장 큰 잠재적 위험인 계급 갈등이 언제라도 폭발할 수 있다는 것을 보여줌으로써, 많은 나라들이 복지정책을 실시하는 등 계급 갈등을 완화하려는 노력을 하게 되었다.

유럽의 다른 지역에서 일어난 혁명들 가운데 러시아 혁명에 근접할 만한 것으로는 1919년 1월 로자 룩셈부르크 등이 중심이 되어 독일 곳곳에서 일어난 마르크스주의자들의 봉기를 들 수 있다. 그들은 소수의 엘리트가 혁명을 주도해야 한다는 레닌의 생각에 반대하며 대중 파업이라는 새로운 전술을 내세웠다. 그러나 국방장관이 지휘하는 군대가 모든 집회를 야만적으로 진압하자 이 혁명은 더 크게 확산되지 못했다.

1919년 모스크바에서는 레닌의 지도하에 각국 노동운동계의 좌파가 모여 제3인터내셔널을 창립했다. 이 새로운 조직은 훗날 '코민테른'으로 널리 알려지게 될 공산주의 인터내셔널이다. 제3인터내셔널은 마르크스-레닌주의를 사상의 기초로 하여 '프롤레타리아 독재를 통한 사회주의의 달성'이라는 노선을 지향했다. 또한 중앙집권적 조직으로서 각국 공산당에 그 지부를 두고 공산주의자들의 투쟁을 촉구했다.

그러나 레닌이 사망한 뒤 그의 후계자를 자처한 스탈린이 막강한 권한을 쥐면서 소련 공산당은 마르크스와 엥겔스의『공산당 선언』으로부터 멀어지게 되었다. 스탈린은 「마르크스주의와 민족문제」라는 논문으로 당에서 인정을 받았으며, 이른바 '일국 사회주의' 정책을 발표하여 '노동자에게는 조국이 없다'는『공산당 선언』의 국제주의와 반대 입장을 취했다. 또한 1936년 사회주의 국가 건설, 농업의 집단화, 자본주의의 소멸을 확인하고 사회주의 체제를 굳혀나간다는 인식하에 스탈린헌법을 제정했다.

그는 중공업 우선 정책을 펼쳐 산업화에 필요한 자원을 농촌에서 강제로 수탈하고 농민들을 집단농장으로 강제 편입시키거나 공장 노동자로 만들었다. 그뿐 아니라 대숙청을 감행하여 많은 공산주의 지도자들을 제거했으며 무고한 민중을 살상했다.

이러한 과정을 통해 1935년 이후 제3인터내셔널은 국제 공산주의 혁명 지도부가 아닌 스탈린의 노선을 따르는 기관으로 전락했다가 1943년 해산됐다. 결국 소련은 마르크스와 엥겔스가『공산당 선언』에서 예견했던 '개인의 자유로운 발전이 만인의 자유로운 발전의 조건이 되는 사회'를 만들지 못하고 폭압적인 전체주의 국가가 되고 말았다.

1945년 대원수의 자리에 오른 스탈린은 동유럽 국가들에 대한 패권을 잡고 미국과 대항함으로써 냉전의 중심인물이 되었다. 그는 국내에서도 반대자에 대한 탄압을 계속하던 중 1953년 뇌출혈로 급사했다.

스탈린이 사망한 후 중앙위원회 총회에서 제1서기로 선출된 흐루시초프는 1956년 제20차 당대회에서 '스탈린 비판'을 제기했다. 이 일은 세계 여론과 각국 공산당에 커다란 충격을 주어 국제 공산주의 운동을 심각한 혼란 속에 몰아넣었다. 흐루시초프의 스탈린 비판 이후 폴란드에서는 개혁파 정치가 고무우카가 정권을 잡았으며, 헝가리에서는 반소봉기反蘇蜂起가 일어나 소련군이 개입하는 사태를 초래했다. 또한 이때부터 흐루시초프는 중국의 마오쩌둥과 논쟁을 벌이며 대립하게 되었다.

중국 혁명

한편 마르크스주의는 중국의 혁명에도 영향을 끼쳤다. 청년 시절 마르크스주의의 영향을 받은 혁명가 마오쩌둥은 1921년 중국 공산당을 창당했으며, 1949년에는 중화인민공화국을 건설했다.

한 가지 특이한 점은, 마르크스와 엥겔스 그리고 레닌이 시대에 뒤떨어진 존재 혹은 혁명의 장애물로 여겼던 농민계급을 마오쩌둥은 혁명의 주요 세력으로 내세웠다는 것이다. 그는 자본주의에 오염되지 않은 농민들이야말로 더 혁명적일 수 있다는 논리를 펼치며 농민군에 의한 게릴라 전쟁을 주도했다. 그리고 공산주의 사상가로서 근대화와 산업화의 필요성을 역설했지만, 중국 인구의 대부분을 차지하는 농민들의 빈곤한 현실을 무시할 수 없었다.

마오쩌둥은 유럽 열강과 일본의 제국주의에 오랫동안 시달려온 농민들의 희생을 전제로 한 산업화가 아니라 소련의 경제원조와 농촌 출신 공산당 간부들의 활용을 통해 농업의 집단화를 이뤄냈다.

2차 세계대전 후반부터 종전 직후에 걸쳐 동유럽 국가들에도 공산당이 주도하는 정권이 수립되면서 사회주의 국가의 성격을 갖게 되었다. 그러나 공산주의 체제는 1980년 이후 구소련과 동유럽 등 여러 국가에서 종말을 고하기 시작했다.

'프롤레타리아의 국가'라는 『공산당 선언』의 본질을 저버린 채 국가 권력으로 노동자들을 착취하고 자유를 박탈하는 억압적인 구조는 필연적으로 경제적 비효율성이라는 한계에 부딪칠 수밖에 없었다. 또한 프롤레타리아 계급에 속하지도 않는 소수의 지배 세력이 프롤레타리아의 이름으로 장기 독재를 펼쳤던 것이 결국 체제를 붕괴시키는 결과를 초래하게 된 것이다.

68혁명

1968년, 『공산당 선언』으로의 복귀와 선언의 확장을 의미하는 대혁명의 물결이 전 세계를 휩쓸었다. 미군에 맞선 베트남군의 구정 공세(테트공세: 1968년 구정 설날 휴전을 제의한 베트남군이 그것을 깨고 총공세를 벌인 작전), 프라하의 봄, 서독의 학생 봉기, 마틴 루터 킹 목사 암살, 미국 컬럼비아대학 점거 사태, 멕시코시티 대학살, 프랑스의 학생 봉기와 노동자 총파업 등 수많은 사건들이 발생한 1968년은 1848년에 이은 또 하나의 혁명의 해였다.

68혁명과 함께 등장한 신좌파는 각국의 공산당을 비판하며 구좌파라 불렀다. 신좌파는 구좌파가 중시했던 경제 문제와 정치 문제들뿐 아니라 여성 억압, 인종차별, 아동 학대, 동성애 혐오 등 더 광범위한 문제들에 관심을 가졌다.

위로부터의 혁명이 아닌 아래로부터의 혁명을 주장했던 신좌파는 다양한 방식을 통해 민주적으로 활동을 펼쳐나갔지만 기존 공산당의 몰이해와 각국 정부의 폭력적인 진압으로 실패하고 말았다. 그러나 그들이 제시했던 의제들은 훗날 여성운동, 인권운동, 환경운동, 반핵운동 등을 통해 다시 꽃피게 되었다.

마르크스와 엥겔스가 이루어낸 사상과 이론은 1세기가 넘는 오랜 시간 동안 전 세계에 커다란 영향을 미치며 수많은 역사적인 사건들의 배경이 되기도 했으나 시대의 변화에 따라 하향길에 접어들었다. 그러나 『공산당 선언』은 세계 각국에서 가장 많이 출간된 책 가운데 하나이며 오늘날에도 가장 대중적인 마르크스주의 개설서로서 꾸준히 읽히고 있다. 비록 공산주의는 몰락했지만 『공산당 선언』에는 여전히 새로운 시대를 향한 현실 비판과 강력한 주장이 살아 숨쉬고 있기 때문이다.

주요 국가의 공산당 역사

러시아

소련 공산당은 러시아 사회민주노동당의 볼셰비키파에서 비롯되었다. 1903년 레닌의 주도하에 형성된 볼셰비키는 엄격한 당 규율을 바탕으로 프롤레타리아 독재 실현을 지향했다.

1917년 볼셰비키는 러시아 사회민주노동당의 우파인 멘셰비키와 결별하고, 11월 혁명 성공 후 집권당이 되면서 1918년 당명을 전全

러시아 공산당으로 바꾸었다. 그리고 소비에트 사회주의 공화국 연방이 수립된 후 1951년 소련 공산당으로 개칭되었다.

공산당은 자본주의와, 1차 세계대전 때 자본주의 정부를 지지한 제2인터내셔널의 사회주의자들에 대항하여 생겨났다. 당시 공산당이라는 명칭은 러시아의 레닌 추종 세력을 다른 사회주의자들과 구별하여 가리키는 말로 사용되었다.

소련 공산당은 내전에서 승리한 후 1924년 레닌이 사망할 때까지 신경제정책을 통해 제한된 자본주의 정책을 추진했다. 레닌 사후 스탈린은 1929년 부하린을 당 지도부에서 축출하고, 1934~1938년 대숙청을 통해 당 내부에 남아 있는 반대 세력을 모두 제거했다. 이 과정에서 수천 명의 정적과 혐의자들이 반역죄로 처형됐고, 수백만 명이 투옥되거나 강제노동수용소로 이송됐다.

1953년 스탈린이 사망한 뒤 급속히 부상한 흐루시초프는 제20차 당대회에서 스탈린을 비판했다. 흐루시초프는 피의 숙청을 중단시켰지만, 당 간부들 사이에서 그의 통치 방식에 대한 불만이 팽배해져 1964년 축출되었다. 이어 브레주네프가 제1서기가 되고, 1982년에는 안드로포프가 소련 공산당 서기장직을 승계했다. 그러나 안드로포프는 15개월 만에, 그 뒤를 이은 체르넨코는 13개월 만에 사망하고, 1985년 3월 고르바초프가 서기장에 취임했다. 소련 공산당은 대외적으로 국제 공산당 조직인 코민테른(공산당의 국제 조직인 제3인터내셔널)과 코민포름(1947년 미국의 봉쇄 정책에 대항해 유럽 9개국 공산당이 정보교환과 활동 조정을 도모하기 위해 조직한 기구)을 주도했다.

공산당이 전 세계적으로 확산되고 성공을 거두면서 소련 공산당의 주도권을 위협하는 세력들이 나타나기 시작했다. 1948년 유고슬라비아 공산당이 처음으로 소련 공산당에 도전했고, 1950년대 말~1960년대 초에는 중국 공산당이 이의를 제기했다. 그러나 소련공산당은 이후에도 여전히 동유럽 위성국가들의 본보기로 남아 있었다.

또한 소련 공산당은 1918년~1980년대 말까지 소련의 정치 · 경제 · 사회 · 문화 전반을 지배하는 일당독재체제를 이루고 있었다. 소련 정부를 관리 · 통제하도록 되어 있는 헌법과 법령들은 사실상 공산당과 그 지도부의 정책에 종속돼 있었다. 소련의 공산당과 정부는 헌법상 별개의 기관이지만 실제로는 공산당원이 정부의 고위 공직을 모두 차지하고 공산당이 입안한 정책들에 대한 정부의 집행 과정을 감시할 수 있도록 되어 있었다.

그러나 경제구조를 개편하고 정치체제를 민주화하려는 고르바초프의 노력으로 소련의 일당 체제는 붕괴되기 시작했다. 1990년 발트3국(발트해 남동 해안에 있는 에스토니아·라트비아·리투아니아)을 비롯해 연방을 구성하고 있던 공화국의 공산당들이 소련 공산당으로부터 독립을 선언함에 따라 그해 소련 공산당은 헌법으로 보장돼 있던 일당독재를 포기하고 복수 야당을 합법화시켰다.

그 후 여러 공화국에서 자유선거가 실시되었고, 그 결과 당원 수가 감소했으며, 옐친의 경우처럼 이탈자들이 권력의 정상에 오르는 사태가 발생했다. 1990년 고르바초프는 당의 직접적인 행정 관여를 금지시키고 자유시장 경제체제를 도입하려고 했지만, 공산당은 여전히 그것에 반대했다.

1991년 8월 19일 보수파의 쿠데타로 소련 공산당의 몰락이 가속화되었으며, 이로써 소련 공산당은 정부와 국내 보안기구 및 소련군에 대한 통제력을 완전히 상실했다.

중국

중국 공산당은 1921년에 창당됐으며, '중공中共'이라 약칭한다. 소련 공산당과 나란히 국제 공산주의 운동의 영수적 위치를 차지하고 있다. 1921년 상하이에서 창립 모임이 열렸으며, 이때 참가한 13명가운데 마오쩌둥은 훗날 중국 공산당의 최고 실력자가 되었다.

중국 공산당은 당초부터 코민테른의 지도를 받아 천두슈를 지도자로 하여 주로 도시 노동자를 중심으로 지지층을 형성했다. 1949년 10월 1일 정권을 수립하기까지 4단계를 거치게 되는데, 이른바 ①제1차 국내혁명전쟁(1909~1927, 1차 국공합작), ②제2차 국내혁명전쟁(1927~1936, 루이진 소비에트 정권 시절), ③항일전쟁(1937~1945, 2차 국공합작), ④제3차 국내혁명전쟁(1946~1949, 국공내전)이다.

1924년 중국 각지에서 활동하는 군벌세력을 타도하기 위해 모든 반군벌세력과 연합하겠다는 쑨원의 의지로 제1차 국공합작이 실현됐다. 그리하여 1926년 중국 공산당은 국민당과 공동으로 북벌을 개시했다. 하지만 쑨원의 뒤를 이어 실권을 장악한 장제스는 반공反共을 주장하며 1927년 4월 상하이에서 공산당 세력을 타도하는 군사행동을 일으켰다.

이렇게 국공합작은 끝이 나고 공산당은 큰 타격을 받았다. 1927~1934년에 걸쳐 국민당의 공격으로 당세가 점차 위축되었고 코민테른과 중국 공산당의 정책이 연이어 실패하자 공산당은 와해될 위기에 몰렸다.

이때 마오쩌둥이 두각을 나타내기 시작했다. 국공분열 뒤 농홍군

農紅軍 3,000명을 조직하고, 1931년 장시성에 중화소비에트공화국을 건설한 마오쩌둥은 소비에트공화국 주석 겸 중국 공산당 중앙집행위원회 주석을 맡았다. 장제스의 국민당군이 100만 병력을 동원하여 다시 토벌전을 시작하자 소비에트 정부는 근거지를 버리고 1934년 북서쪽으로 대장정에 오르게 되었다. 1935년 1월 구이저우성 쭌이에서 열린 당회의에서 마오쩌둥은 당의 지도권을 획득했다. 같은 해 8월에는 항일민족통일전선을 제의하여 제2차 국공합작에 성공, 항일전 승리의 기초를 닦았다.

중국 공산당은 1946년에 시작된 국공내전에 승리함으로써 1949년 공산당 정권을 수립하기에 이르렀다. 그러나 정권 수립 후 심각한 당내 권력투쟁이 계속됐으며, 1956년 2월 제20차 공산당대회에서 스탈린을 비판한 후부터 점차 소련 공산당과의 대립이 심화되었다. 1965년 가을, 문화대혁명이 일어나 류샤오지를 비롯한 초창기 이래의 지도자들이 잇달아 실각하고, 당내 투쟁은 1969년 9전대회 九全大會에서 마오쩌둥–린뱌오 노선이 확립되기까지 계속되었다.

그 후에도 항미 무장투쟁노선을 내세우는 린뱌오와 유연외교노선을 주장하는 저우언라이 사이에 대립이 발생했으며, 대미·대소 외교 문제와 국내경제건설 문제를 둘러싼 당내 투쟁이 격화됐는데,

그 결과 1972년에는 린뱌오의 실각이 명백해졌다. 그 이후부터 저우언라이의 대미 협조를 축으로 한 유연외교노선이 정착되어, 1973년 10전대회十全大會에서 린뱌오·천보다의 당외 영구 추방이 확인됐다.

저우언라이·덩샤오핑 등 경제 재건을 중시하는 사람들에 대하여 후에 4인방이라 불린 왕홍원·장춘차오·장칭·야오원위안 등은 정치 우선을 주장하며 저우언라이·덩샤오핑 등을 '유생산론자唯生産論者' '주자파走資派'라 비판하고, 1976년 저우언라이가 사망한 후 세력을 확대하여 그해 4월 톈안먼(천안문) 사건을 이용하여 덩샤오핑을 추방했다. 그러나 1976년 9월 마오쩌둥 사망 직후, 화궈펑 당 제1부주석·총리 등에 의하여 '4인방'은 타도되었다.

1976년 10월, 화궈펑은 당주석에 취임, 국무원총리를 겸임하고 예젠잉 부주석, 후에 재복권한 덩샤오핑 부주석·부총리와 함께 중공의 최고 지도부를 형성했다. 1977년 8월에 열린 11전대회十一全大會는 '4인방' 비판의 강화를 호소함과 동시에, 제1차 문화대혁명의 종결을 선언했다. 그 후 화궈펑도 덩샤오핑의 개혁에 밀려나고, 1981년 덩샤오핑·후야오방·자오쯔양 체제가 확립되었다.

1982년 9월 12전대회十二全大會에서 마오쩌둥의 극좌적 잔영이 지워진 새 당헌黨憲을 채택하여 당 총서기 중심제를 부활하고 정치국과 서기국 등 당의 지도 체제를 개편했다.

독일 사회민주당의 극좌파 인물들이었던 카를 리프크네히트, 로자 룩셈부르크, 클라라 체트킨 등은 1916년 당을 탈퇴하고 혁명 단체인 스파르타쿠스단을 조직하여 활동했다. 이들은 1918년 11월의 독일 혁명 직후 사회민주당의 브레멘 좌파와 손을 잡고 1918년 12월 독일 공산당을 창당했다.

독일 공산당은 1919년 코민테른에 가입했으며, 그해 1월 베를린에서 무장봉기했으나 진압됐다. 이 사건으로 룩셈부르크와 리프크네히트는 경찰과 연계된 보수 의용단에게 살해당했다.

1920년 12월 독일 사회민주당의 좌파와 합동하여 당세를 확장한 독일 공산당은, 1921년 봄 다시 무장봉기를 하려다가 실패하여 당내 우파가 탈퇴하게 되었다. 1929년 이후 소련의 간섭으로 좌익 노선을 취하여 사회민주당과 맹렬한 투쟁을 벌였으나, 결국 히틀러에게 공산주의 타도라는 명분을 제공하게 되었다.

나치스 치하에서는 활동이 금지되었다가 2차 세계대전이 종결된 후 1945년 6월에 망명지(주로 소련)에서 귀국한 공산주의자들이 다시 당을 창당했다. 독일민주공화국(동독)에서는 이듬해 4월에 사회민주당을 강제적으로 통합해 통일사회당이라는 명칭으로 공산주의자당을 만들었다. 독일연방공화국(서독)에서는 공산당이라는 이름 그대로 활동했는데, 소련과 동독을 지지한다는 당의 정책이 국민의 반감을 사 당세는 미약했고, 1956년에는 위헌 결정으로 해산되었다.

그 후 당원들이 당명을 바꿔 활동했으나 활동은 미미했으며, 독일 통일 후 활동이 정지되었다.

프랑스

국제 공산주의 운동의 프랑스 지부로 출발한 프랑스 공산당은 프랑스 내의 강력한 공산당 지지 세력과 유럽에서 프랑스가 차지하는 중요한 위치로 인해 공산주의 운동에 상당한 영향을 끼쳤다.

프랑스 공산당은 1920년 노동자계급을 기반으로 프랑스 사회당 좌파 세력에 의해 결성되었다. 공산주의와 유러코뮤니즘(소련 공산당의 공식적인 입장에 반대하여 프롤레타리아 독재의 포기, 복수정당제 지지, 의회민주주의에 적극적으로 참여, 사회주의로의 평화적 이행 등을 주장한 서유럽형 공산주의)을 이념으로 하고 있다.

프랑스 공산당은 1936년 레옹 블룸의 좌파 인민전선 연립정부와 연합하기 전까지는 많은 표를 얻지 못했으나 1945년 종전 후 처음 실시된 선거에서 약 25%를 득표했으며, 1946년 제4공화국 초기 정부에 참여하면서 정계에 진출했다. 2차 세계대전 후 제1당으로 입각했지만 1947년 5월 공산주의자들이 강경 정치 노선을 취하자 정부는 내각에서 그들을 추방했다. 그 후 공산당은 1951년 6월부터 1968년 6월에 걸쳐 실시된 6번의 총선에서 매번 평균 22% 이상의 득표율을 얻고 의회에서 다수 의석을 확보했음에도 제4공화국 행정부에는 전혀 참여하지 못했다.

1958년 드골 장군이 제5공화국 대통령이 되자 우익의 강세와 민족주의 감정의 고조로 공산당의 세력 기반이 많이 약화되었다. 1965년 9월 공산당은 민주사회좌파 연합을 구성하기 위해 다른 좌익 집단을 지원했다. 이 동맹은 1965년 선거에서 드골의 절대 다수 득표를 불가능하게 했다. 1969년 6월 대통령 선거에서 공산당 소속 후보는 3위의 득표율을 보였는데, 전체 투표율의 21%에 해당하는 것이었다. 그러나 1970년대 중반에 들어와 좌익 동맹 내부에 심각한 알력이 생겨났다.

프랑스 공산당은 1976년 제22차 전당대회에서 프롤레타리아 독재 노선을 포기했다. 1977년에는 프랑스 사회당과 연합해 지방 선거에서 52%의 득표율을 기록해 정계에서 압승했다.

1978년 공산당은 일시적으로 그 동맹을 해제했다가 1981년 선거에서 다시 사회당과 손을 잡았다. 공산당의 의석수는 현저히 감소했지만 새로 출범하는 사회주의 정부에서는 4개의 각료직을 확보할 수 있었다. 그러나 1984년 장관들이 교체되면서 이 4개 각료직을 모두 잃었다.

현재는 유러코뮤니즘이 황혼기를 맞으며 프랑스 공산당이 국회에서 차지하는 의석수는 7%로 감소했다. 서유럽 공산당으로서는 이탈리아 공산당 다음으로 큰 세력을 보유하고 있으나 그들의 전통적인 지지 세력인 노동자계급으로부터 서서히 소외당하기 시작하면서 1981년 이후 퇴조 기미를 보이고 있다.

이탈리아

이탈리아 공산당은 1921년 안토니오 그람시에 의해 이탈리아 사회당으로부터 분리되어 창당된 서유럽 최대의 공산당이었다. 그러나 1926년 무솔리니 휘하의 파시스트들이 모든 정당을 불법 단체로 규정하자 지하조직을 통해 이탈리아 레지스탕스운동(권력이나 침략자에 대한 저항운동으로 특히 2차 세계대전 중 프랑스에서 있었던 지하 저항운동을 뜻함)을 전개했다. 2차 세계대전 후에는 다른 반파시스트 정당들과 제휴하여 연립정부를 구성했으나, 1947년 5월 알치데 데 가스페리 총리의 내각 구성에서는 제외됐다.

그러나 이탈리아 공산당은 선거에서 지지 세력을 지속적으로 확보하고 있었다. 1956년 소련이 헝가리를 무력으로 진압하자 이탈리아 공산당의 지도자 톨리아티는 '다원주의'의 개념에 입각해 각국 공산당의 제한적 독립을 제안하면서 이탈리아 공산당을 소련으로부터 분리시켰다. 1964년 톨리아티가 사망한 뒤 '러시아파'와 '이탈리아파'로 양분되어 갈등이 심화되었음에도 1968년 총선에서 26.9%의 지지율을 획득했다.

1975년 서기장 베를링구에르는 각 국가 또는 지역의 특수성에 따라 공산주의 원칙들을 융통성 있게 조정할 것을 주장하면서 '유러코뮤니즘' 또는 '민족공산주의'를 제안했다. 그러나 1989년 후반부터 동유럽의 공산정권이 잇따라 몰락하자 이탈리아 공산당은 1991년 2

월 사회주의 대중노선을 표방하며 좌익민주당으로 당명을 바꿨다.

미국 공산당은 찰스 루덴버그 등 미국 사회당 내분 당시 코민테른 참여를 주장했던 사회주의자들이 1919년 9월 2일 미국 시카고에서 창당했다. 미국 공산당은 마르크스–레닌주의 노선을 따르는 노동자 · 학생 · 전문직업인 · 농민 등을 전투조직으로 묶는 노동계급의 정당이다. 이들은 자신들이 더 나은 세상을 위한 투쟁에 앞장서는 정당으로서, 노동계급과 인민의 욕구를 위해 전투적인 투쟁에 나설 것이라고 스스로 밝히고 있다.

미국 공산당은 미국 자본주의와 그 자본주의로 움직이는 정부에 대한 강력한 비판자 역할을 했다. 1930년대 초 실업자들이 단결하도록 조직하는 일에 적극적으로 나섰으며, 1931년 워싱턴시에서 '기아 행진Hunger March'을 기획하기도 했다. 또한 인종 정의를 지지하여 아프리카계 미국인들과 연합하기 위해 많은 노력을 기울였다.

개방적이고 애국적인 조직이 되고자 노력했음에도 미국 공산당은 항상 소련의 면밀한 감시 아래 있어야 했다는 한계를 극복하지 못했다. 1935년에는 소련의 지시하에 루스벨트에 대한 태도를 완화했으며, 여러 진보 단체들과 동맹을 맺기도 했다.

1950~1954년, 미국에 반공산주의 열풍이 몰아치면서 미국 공산당은 엄청난 탄압을 받게 되었다. 극단적인 반공정책을 주장했던 공화당 상원의원 매카시의 "국무성 안에는 205명의 공산주의자가 있다"는 폭탄 발언을 계기로 공산주의자를 적발해 추방하자는 움직임이 일기 시작했다. 2차 세계대전 후 냉전이 심각해지던 상황에서 중국의 공산화와 잇달아 발생한 한국의 6·25전쟁 등 공산 세력의 급격한 팽창에 위협을 느낀 미국 국민들이 매카시의 주장을 지지했기 때문이다.

미국 공산당의 대표적 인물은 8년 동안의 투옥과 동유럽 공산정권의 붕괴에도 아랑곳없이 공산주의 이념을 철저하게 고수했던 거스 홀이다. 그는 1927년, 17세에 공산당원이 되어 1959년 미국 공산당 의장에 선출됐으며, 옛 소련의 최고 훈장인 레닌훈장을 받았다. 현재 미국 공산당의 세력은 미약해졌으나 여전히 존재하고 있다.

주요 마르크스주의자들

폴 라파르그 Paul Lafargue 1842~1911

라파르그는 1842년 쿠바 산티아고에서 태어나 1851년 가족과 함께 프랑스 보르도로 이주했다. 그는 파리에서 의대에 다니며 사회주의 운동가로서 활동을 시작했다.

사유재산을 배격하고 정치적 권위를 부정한 프루동의 영향을 받아 무정부주의자가 된

라파르그는 국제 노동자 협회 프랑스 지부에 합류했다. 1865년 영국 런던으로 건너간 라파르그는 그곳에서 마르크스를 만나 많은 영향을 받았으며, 1868년에는 마르크스의 딸 라우라와 결혼했다.

활발한 정치 활동을 벌이던 라파르그는 1871년 파리 시민과 노동자들의 봉기로 수립된 혁명적 자치정부인 파리코뮌이 붕괴된 후 정치 탄압을 받게 되자 에스파냐로 망명해 마드리드에 정착, 그곳에서 활동을 이어갔다. 그는 1881년 다시 파리로 돌아와 쥘 게드와 함께 프랑스 노동당을 결성하여 1905년까지 당을 지도했다.

라파르그는 마르크스와 엥겔스의 저작을 프랑스어로 번역하는 등 마르크스주의를 프랑스에 보급하는 데 중요한 역할을 했다.

에두아르트 베른슈타인 Eduard Bernstein 1850~1932

독일의 사회주의자 베른슈타인은 1850년 1월 6일 베를린의 유대인 가정에서 태어났다.

사회주의사상을 접한 베른슈타인은 1872년 사회민주노동당에 입당해 스위스, 영국 등지에서 망명 생활을 했다. 그는 마르크스주의의 대표적 이론가로서 엥겔스, 카우츠키 등과 함께 활약했다.

1878년 스위스 취리히로 갔으며, 독일사회민주당의 기관지『새로운 시대Die Neue Zeit』에 「사회주의의 여러 문제」를 기고했다. 그리고 「사회주의의 전제와 사회민주당의 임무」(1899)에서 마르크스주의의 수정을 시도하여 당내 우파의 이론적 지도자가 되었다. 1901년 독일로 돌아온 베른슈타인은 자신의 이론의 정당함을 사회민주당 내에서 계속 주장했고, 1902년 국회의원으로 선출된 이후 세 차례에 걸쳐 당선되었다.

그의 수정주의가 중요한 이유는, 사회혁명이 아니라 의회주의의 입장에서 점진적인 사회주의의 실현을 주장했기 때문이다. 베른슈타인은 이 주장을 둘러싸고 카우츠키나 룩셈부르크 등을 상대로 이른바 수정주의 논쟁을 벌였는데, 그 논쟁은 독일뿐 아니라 러시아 등 다른 나라의 사회주의자들에게까지 영향을 미쳤다.

미국의 대표적 사회주의자이자 노동주의자인 드 레온은 1852년 서인도 제도에 있는 네덜란드령 쿠라사우섬에서 태어나 독일과 네덜란드에서 청소년기를 보냈다. 1874년 미국으로 건너간 그는 뉴욕시에 정착하여 컬럼비아 대학에서 공부했다.

1890년 드 레온은 사회주의노동당에 입당했으며, 당에서 발행하는 신문 『피플The People』의 편집자로 일했다. 그는 당에서 인정받으며 빠르게 성장하여 1891, 1902, 1904년에 압도적인 지지를 얻어 사회주의노동당 뉴욕주 최고 지도자로 선출되었다.

드 레온은 마르크스주의자로서 혁명을 통한 자본주의 타도를 주장했다. 미국 노동운동에 중요한 역할을 담당했으며, 1905년 미국 최초의 노동조합인 세계산업노동자동맹(IWW)의 결성을 주도했다. 그는 다른 많은 사회주의자들에게 영향을 주었으며, 특히 1903년 영국 사회주의노동당 결성에 지대한 영향을 미쳤다.

사회민주주의 사상가인 카우츠키는 1854년 체코 프라하에서 태어나 일곱 살 때 가족과 함께 오스트리아 빈으로 이주했다. 그는 빈대학에서 역사와 철학을 공부했으며, 1875년 오스트리아 사회민주당에 입당했다.

카우츠키는 1880년 스위스 취리히로 이주하여 마르크스주의자가 되었으며, 1881년에는 런던으로 가서 카를 마르크스와 프리드리히 엥겔스를 만나 교류했다.

그는 1883년 슈투트가르트에서 독일사회민주당 기관지 『새로운 시대』를 창간했다. 또한 1891년에는 독일사회민주당이 채택한 순수 마르크스주의적 강령인 「에르푸르트 강령」을 집필했다. 특히 베른슈타인의 수정주의에 반대하여 마르크스주의 옹호론을 전개했으며, 마르크스의 『자본론』 등을 출판하고 해설했다.

카우츠키는 1차 세계대전이 발발하자 반전을 주장하는 소수파인 독립사회민주당에 가담했다. 그는 1차 세계대전 중에 초제국주의론을 제창했으며, 폭력 혁명과 소수 사회주의자에 의한 독재에 반대하여 레닌의 비판을 받기도 했다. 1920년 그는 다시 사회민주당으로 복귀했다가 1924년 이후 정계에서 물러나 빈에서 머물며 문학 활동에 전념했다. 대표 저서로 『윤리와 유물사관』 등이 있다.

게오르기 플레하노프 Georgi Plekhanov 1856~1918

러시아의 혁명가이자 마르크스주의 이론가인 플레하노프는 1856년 하급 귀족의 아들로 태어났다. 그는 군사학교 졸업 후 광업연구소에 다니다가 인민주의 혁명운동에 투신했으며, 주로 도시 지역의 공장 노동자를 대상으로 활동했다.

1877년 '토지와 자유당'이라는 인민주의자 조직의 지도자가 된 플레하노프는 지하정치 선동활동을 하다가 토지와 자유당이 점차 테러리즘으로 기울자 반테러리스트 분파 그룹을 결성하여 대중 선동을 계속했다. 그러나 이 활동은 오래가지 못했다. 체포될 위기에 처한 그는 1880년 국외로 망명하여 엥겔스, 카우츠키 등과 교류했으며, 『공산당 선언』을 러시아어로 번역했다.

1883년 제네바에서 동료들과 함께 러시아 최초의 마르크스주의 혁명조직인 '노동해방단'을 결성했으며, 이들은 1898년 레닌과 연대하여 러시아 사회민주노동당을 창당했다. 그러나 당의 성격을 두고 논쟁을 벌인 끝에 레닌과 결별하고, 플레하노프는 마르토프가 이끄는 멘셰비키 편에 서서 레닌의 볼셰비키와 대립했다. 그리고 1917년 러시아에 귀국했다.

클라라 체트킨 Clara Zetkin 1857~1933

체트킨은 독일의 정치가이자 여성운동가로, 사회주의 여성운동 사상을 확립하고 그것을 실천한 선구자이다. 1857년 비데라우에서 태어났으며, 어머니의 영향으로 여성 문제에 관심을 갖게 되었고 사범대학에 다니면서 여성 평등과 사회주의에 대한 관심을 키워나갔다.

1878년 체트킨은 독일사회민주당의 전신인 독일사회주의노동당에 입당했다. 그러나 비스마르크 정권하에서 사회주의자 진압법이 시행되자 체트킨은 취리히로 갔다가 그곳에서 다시 파리로 망명해 파리의 사회주의 여성노동자들을 결집시키며 적극적으로 정치활동에 참여했다.

체트킨은 독일사회민주당에서 발행하는 여성지 『평등Die Gleichheit』을 창간했으며, 1907년에는 최초로 국제 사회주의 여성회의를 개최하여 반전운동을 국제적으로 전개했다. 프리드리히 엥겔스와도 교류했으며, 1918년에는 로자 룩셈부르크, 카를 리프크네히트와 더불어 독일 공산당을 창당했다.

1920년부터 연방 하원에서 활동한 체트킨은 레닌과 여성 문제에 관한 유명한 토론을 벌였으며, 1921년 코민테른의 집행위원이 되었고, 1924년에는 국장의 자리에 올랐다. 1932년 8월 나치스(국가사회주의 독일노동자당)가 제1당이 된 국회에서 임시 의장이 된 체트킨이 230명의 나치스 의원단 앞에서 반파쇼 통일전선의 결성을 호소한 일은 유명하다. 1957~1960년 동베를린에서는 그녀의 글을 모아 편집한 『연설문과 편지 모음집』이 출간되었다.

코널리는 아일랜드 최초의 마르크스주의 노동조합 지도자로, 1868년 스코틀랜드 에든버러에서 태어났다. 그는 열한 살 때 일을 하기 위해 학업을 중단했는데 이것이 그가 사회주의자로 성장한 계기가 되었다.

1892년까지 스코틀랜드 사회주의연합 소속으로 활동한 그는 1896년 더블린으로 가서 아일랜드 사회공화당 창당에 가담했다. 1903년부터 1910년까지 미국 뉴욕시에 머물면서 세계산업노동자동맹을 결성했으며, 1912년 아일랜드에서 제임스 라킨과 함께 아일랜드 노동당을 창당했다. 그는 라킨을 도와 아일랜드 운수 노동자 및 일반 노동자 조합을 조직했는데, 이 조합은 다른 노동쟁의를 지지하는 동맹파업을 주도했다. 1913년 아일랜드 기업들은 노동조합원을 대량으로 해고하기 시작했고, 그 결과 일어난 노동자 시위는 잔인하게 진압되었다.

1914년 8월, 1차 세계대전이 일어나자 코널리는 미국에 있는 라킨을 대신해 노동조합장이 되었다. 그는 자본주의 국가들이 몰락해야만 평화를 확보할 수 있다고 주장하면서, 아일랜드 노동운동을 연합군에 저항하는 방향으로 이끌어갔다. 1916년 4월 23일 부활절 일요일에 더블린에서 봉기를 일으키려는 아일랜드 공화국 형제단의 계획은 막바지에 취소될 위기에 놓였으나 코널리는 봉기를 강행할 것을 강력히 주장했다. 그는 아일랜드 민병대의 지휘관으로서 봉기를 주도하던 중 영국군에게 체포되어 총살당했으며, 혁명가들은 더블린 중앙우체국을 점령하고 아일랜드 공화국 수립을 선언했다.

블라디미르 레닌 Vladimir Lenin 1870~1924

러시아의 혁명가이자 사상가인 레닌은 1870년 러시아 심비르스크에서 태어났다. 볼셰비키 혁명이라 불리는 1917년 러시아 11월 혁명의 중심에 섰던 그는 독일파 마르크스주의자 카우츠키의 사회민주주의에 맞서 마르크스주의를 러시아에 적용, 러시아파 마르크스주의를 발전시켰다.

레닌은 1887년 황제 알렉산드르 3세의 암살 계획에 참여했던 형이 처형당하자 혁명에 뜻을 두게 되었다. 그는『공산당 선언』을 러시아어로 번역한 혁명가 플레하노프가 1870년대에 도입한 마르크스주의를 연구하여 마르크스주의자가 되었다. 이후 혁명운동에 투신하여 체포와 유형의 세월을 거친 뒤 1900년 국외로 망명, 1903년 브뤼셀과 런던에서 열린 러시아 사회민주당 제2차 대회에서 당원 자격 문제로 마르토프에게 맞서 직업혁명가주의를 관철시킴으로써 볼셰비키(다수파)를 이끌게 되었다.

1905년 제1차 러시아 혁명 직후 귀국했다가, 1907년 다시 망명해 주로 스위스에 머물면서 연구와 저술에 전념했다. 레닌은 1917년 3월 혁명 직후 귀국해, 같은 해 11월 7일 무장봉기로 과도정부를 전복하고 이른바 프롤레타리아 독재를 표방하는 혁명정권을 수립했다. 대표 저서로『국가와 혁명』『유물론과 경험비판론』『제국주의론』 등이 있다.

폴란드계 독일인 여성 혁명가 로자 룩셈부르크는 1871년 러시아령 폴란드 자모시치의 중산층 유대인 가정에서 태어났다. 수도 바르샤바로 이주하여 고등학교에 진학한 룩셈부르크는 그때부터 노동운동에 참여했다. 1886년부터 좌익 프롤레타리아당 소속으로 활동하다 1889년 스위스로 망명해 취리히대학에서 철학·정치학·경제학 등을 공부했다.

룩셈부르크는 1898년 구스타프 뤼베크와 결혼하여 독일 국적을 취득하고 베를린에 정주했으며, 독일 사회당의 좌파 지도자로 활동했다.

1905년 러시아 혁명이 일어나자 혁명 투쟁에 가담했다가 투옥되었다. 1907년 감옥에서 풀려난 후, 1914년까지 베를린에 있는 사회민주당 학회에서 활동하면서 대중 혁명을 선동했다. 그 후 사회민주당과 결별하고, 1917년 카를 리프크네히트 등과 함께 독일 공산당의 전신인 스파르타쿠스단을 조직했다. 그리고 이듬해 독일 공산당을 창설했으나, 1919년 1월 정치적 봉기 때 체포되어 처형당했다.

저서로 『대중파업론』 『러시아 혁명』 『사회 개혁이냐 혁명이냐』 등이 있다.

레온 트로츠키 | Leon Trotsky 1879~1940

마르크스주의 이론가이자 혁명가인 트로츠키는 1879년 우크라이나의 부유한 유대인 가정에서 태어났다.

1898년 마르크스주의 운동에 참여했다는 이유로 체포되어 투옥된 뒤 시베리아로 유배됐다. 1902년 탈주에 성공한 그는 영국으로 망명하여 런던에서 레닌에게 협력했으나 1903년 러시아 사회민주노동당 제2차 대회에서는 멘셰비키에 가담했다.

트로츠키는 1905년 러시아로 돌아와 혁명의 혼란 속에서 상트페테르부르크의 소비에트 의장이 되었으나, 1906년 다시 체포되었다가 1907년 탈주했다. 국외에서 멘셰비키와 볼셰비키의 통합을 도모했으나 실패하고 1914년 미국으로 망명했다. 3월 혁명 후 1917년 5

월 귀국한 트로츠키는 볼셰비키와 공동 투쟁을 벌였으며, 7월 소련 공산당에 입당했다.

그는 레닌 다음가는 지도자로서 9월 상트페테르부르크의 소비에트 의장이 되어 11월 혁명에서 무장봉기를 이끌었다. 트로츠키는 혁명 후 외무인민위원이 되었으나 독일과의 강화를 놓고 레닌과 대립하게 되어 1918년 사직하고, 군사인민위원, 정치국원을 지냈다. 그러나 레닌 사후 당의 노선을 놓고 스탈린과 대립하여 1927년 제명되었으며 1929년에는 국외로 추방됐다.

그는 1936년 멕시코에 정착했으나 1940년 8월 암살되었다. 1905년 혁명 이래 트로츠키의 주장은 '영구혁명론'으로 불리는데, 이는 러시아와 같은 후진국의 혁명에는 프롤레타리아 독재가 불가결하며, 또 그것을 유지하는 데에는 세계 혁명, 적어도 유럽 제국의 프롤레타리아 혁명의 지원이 필요하다고 본 것으로, 러시아만으로도 사회주의 건설이 가능하다고 주장하는 스탈린의 '일국사회주의론'과 대립했다. 1938년 국제 공산주의 운동을 추진하기 위해 제4인터내셔널을 조직한 것도 자신의 이러한 주장에 입각한 것이다.

저서로 『영구혁명론』 『배반당한 혁명』 등이 있다.

죄르지 루카치 György Lukács 1885~1971

헝가리의 마르크스주의 철학자이자 문학사가인 루카치는 1885년 부다페스트의 부유한 유대인 가정에서 태어났다. 그는 부다페스트 대학에서 박사 학위를 받았으며 독일 베를린 대학에서 게오르크 지멜에게, 하이델베르크대학에서 막스 베버에게 가르침을 받았다.

1918년 공산당에 입당한 루카치는 히틀러가 등장하면서 나치즘이 일어나자 모스크바로 망명했다. 그는 과학학사원 철학연구소에서 미학과 문학사 연구에 전념하다가 1944년에 헝가리로 돌아갔다.

1956년 헝가리 혁명 당시 페트위단의 지도자로서 반소파反蘇派의 입장을 취했으며, 한때 문화장관이 되었다가 루마니아로 추방됐다. 그는 1957년 사면되어 부다페스트로 다시 돌아온 후로는 미학 연구에만 전념했다. 그리고 『젊은 헤겔』『이성의 파괴』『역사와 계급의식』『소설의 이론』등을 집필했다.

니콜라이 부하린 Nikolai Bukharin 1888~1938

러시아의 혁명가이자 이론가인 부하린은 1888년 모스크바에서 교사 부부의 아들로 태어났다. 그는 모스크바대학에서 학생운동에 참가했는데, 이는 1905년의 러시아 혁명으로 이어졌다.

부하린은 1906년 러시아사회민주노동당에 입당해 볼셰비키로 활동하던 중 체포·유형되었다가 1911년 독일 하노버로 망명했다.

1917년 3월 혁명 직후 미국에서 일본을 경유하여 귀국한 부하린은 모스크바로 돌아와 볼셰비키를 지도했으며, 같은 해 11월 혁명 후에는 당 기관지 『프라우다』의 편집장이 되었다. 그는 브레스트리토프스크 강화조약을 둘러싸고 레닌과 대립하여 '좌익 공산주의자'의 지도자가 되었고, 스탈린과 합세해 트로츠키를 실각시켰다.

1927년 부하린은 코민테른 집행위원회 의장이 되었으나, 후에 '우익 반대파'로서 주류파와 대립하다가 실각했다. 그 후 공직에 복귀했으나, 대숙청의 소용돌이 속에서 1938년 총살되었다.

중국의 정치가이자 공산주의 이론가인 마오 쩌둥은 1893년 중국 후난성에서 가난한 농민의 아들로 태어났다. 그는 아버지의 농사일을 도우며 틈틈이 책을 읽다가 16세에 뒤늦게 학교에 다니게 되었다.

1911년 10월 신해혁명이 일어나자 혁명군에 입대했다가 1912년 제대한 뒤 제1사범학교에 입학한 그는 1917년, 후난성 혁명 지식인들의 본영이 된 신민학회를 조직했다. 1918년 사범학교를 졸업하고 베이징으로 가서 후난성 청년들의 외국 유학을 도왔으며, 그해 10월 소년중국학회에 가입했다. 그는 비밀 학생단체와도 접촉하며 활동했는데, 이때 무정부주의에 관한 책을 읽으면서 마르크스주의로 기울게 되었다.

1919년 중국 베이징의 학생들이 일으킨 반제국주의·반봉건주의 혁명운동인 5·4운동 발발 후 후난학생연합회를 설립하고 잡지『샹장평론湘江評論』을 펴냈으나 곧 폐간당하고 베이징으로 도망쳤다. 마오쩌둥은 이때부터 러시아 혁명에 관한 책들을 읽으며 공산주의에 심취하게 되었다.

1921년 상하이에서 열린 중국 공산당 창립 대회에 참가한 마오쩌둥은 후난성 대표로서 1922년 중국 공산당 제1차 전국대표대회에 출석했다. 그 후 고향으로 돌아와 10월에는 중국 공산당 후난성 지부를 창립하고 서기로 취임했으며, 1923년에는 제3차 전당대회에 출석해 5명의 책임비서 중 한 명으로 선출되었다.

1924년 국공합작(중국 국민당과 중국 공산당이 혁명을 수행하거나 일본의 침략에 맞서기 위해 연합한 일)이 성립되자 마오쩌둥은 중국 국민당 중앙 후보집행위원으로 선출되었으며, 1925년 10월에는 국민당 선전부장 대리로 임명되었다. 그리고 후난성 농민운동의 동향을 관찰하고 그 혁명성을 주목한 「후난농민운동고찰보고」를 발표했는데, 그는 여기에서 농민을 혁명의 동력으로 여기며 중시했다.

마오쩌둥은 국공분열 뒤 농홍군 3,000명을 조직하여 1930년 홍군 제1방면군 군사위원, 중국 공농혁명위원회 주석에 올랐다. 1931년부터 1934년까지 홍군은 영향력을 넓혀 중화소비에트공화국을 건설하고 마오쩌둥은 소비에트공화국 주석 겸 중국 공산당 중앙집행위원회 주석을 맡았다.

1945년 일본 제국이 항복한 뒤, 중국 국민당과 중국 공산당은 미국의 중재로 공동 정부를 구성하기 위한 협상을 시작했으나 실패했고, 이어 본격적인 내전이 시작되었다. 국민당군의 병력 수가 공산군보다 우세했고, 미국의 지원으로 무장하고 있어서 초기에는 국민당이 유리한 국면을 선점했다.

그러나 무리하게 점령지를 늘린 국민당군은 지나치게 병력이 분산되는 전략적 오류를 범하게 되었다. 게다가 국민당 정부의 총체적 부패 등으로 1948년부터는 공산당 측에 유리하게 내전이 전개되었다. 동북인민해방군이 만주에서 국민당군을 격파하는 것을 시작으로 전세는 역전되어 1949년 2월 베이징이 함락됐다. 이어 4월에는 국민당 정부의 수도 난징을, 5월에는 상하이를 함락시켰으며, 더 이상 버틸 수 없게 된 장제스와 국민당 정부는 결국 그해 10월 타이완으로 도피했다.

1949년 10월 1일 마오쩌둥은 베이징에서 중화인민공화국의 건국을 선포하고 국가주석에 취임했다.